Übe die Kata korrekt ...

Bei den in diesem Buch beschriebenen Kata-Anwendungen handelt es sich um gefährliche Kampfsituationen, welche – ohne fachmännische Leitung – zu ernsthaften Unfällen führen können. Aus diesem Grund lehnen der Autor und der Verlag jegliche Haftung für Verletzungen ab, die durch unsachgemäße Durchführung der beschriebenen Techniken auftreten.

Fiore Tartaglia

Bunkai der Shôtôkan-Kata bis zum Schwarzgurt

Ein Nachschlagewerk
für Karate-Kata
der Shôtôkan-Stilrichtung

Band 3

Verlag:
Spectra – Design & Verlag
Eichenstraße 8
D-73037 Göppingen
www.budo-books.com

Originalausgabe 2003
10. Auflage 2015

Copyright by Fiore Tartaglia, Göppingen
Alle Rechte vorbehalten.

Konzeption, Gestaltung, Zeichnungen:
Spectra – Design & Verlag

Druck: Stieber Druck, Lauda-Königshofen

Printed in Germany

ISBN: 978-3-9809081-6-0

Inhaltsverzeichnis

Vorwort	7
Kata und Bunkai	9
Danksagungen	17
Heian shodan	19
Heian nidan	25
Heian sandan	32
Heian yondan	38
Heian godan	45
Tekki shodan	52
Bassai dai	60
Empi	71
Jion	80
Hangetsu	92
Kankû dai	100
Erläuterung der Begriffe	114
Schlusswort	125
Literaturverzeichnis	126

Vorwort

Durch verschiedenste Einflüsse, denen die Menschen tagtäglich ausgesetzt sind, entwickeln sie sich ständig weiter. Die Umgebung, in der sie leben, wird wiederum von jedem Einzelnen – charakterbedingt – unterschiedlich aufgenommen und interpretiert. So ergeben sich verschiedene Sichtweisen.
Auch der Karateka unterliegt diesem Gesetz. Dadurch wird sich jeder Karateka unterschiedlich mit dem Thema Bunkai (das Analysieren und Verstehen einer Technik oder Kata) auseinander setzen und sich darin individuell und subjektiv ausdrücken.

Die in diesem Buch dargestellten Anwendungen sind mögliche Verteidigungslösungen, welche das bereits vorhandene Wissen des Lesers ergänzen bzw. teilweise bestätigen sollen, und nicht die einzigen Möglichkeiten, um die Kata zu interpretieren. Einige bereits im ersten Buch dieser Serie beschriebenen Anwendungen werden hier anders dargestellt, um möglichst viele Interpretationen aufzuzeigen. Der Karateka, der seine Erfahrungen vertiefen möchte, wird hier eine Bereicherung zum Thema Bunkai finden. Jede Kampfsituation, die eine Kata anbietet, ist mit nur einer Anwendung dargestellt, welche dem Gesamtkonzept dieses Buches angepasst ist. Die hier zahlreich abgebildeten Abwehr- und Kontertechniken stellen nur eine Auswahl aller möglichen Verteidigungen dar. Die Interpretationsmöglichkeiten einer Kata sind fast unendlich. Um eine Vielzahl unterschiedlicher Reaktionen auf den gleichen Angriff zeigen zu können, werden bei Wiederholungstechniken in der Kata, wie z. B. Sanbon Techniken oder solchen, die nochmals spiegelbildlich auftreten, verschiedene Verteidigungsarten vorgeschlagen. Die jeweiligen Kampfsituationen beginnen immer mit Techniken, die sich in der zu analysierenden Kata befinden. Prinzipiell wurde eine realistische und praktikable Darstellung der Kampfsituationen gewählt, welche erfahrenen Karateka durch intensive Übung die Möglichkeit bietet, die dargestellten Anwendungen in der Selbstverteidigung effektiv einzusetzen.

Das eigentliche Ziel des Bunkai-Studiums sollte die Anpassung der gelernten Techniken an die eigenen Fähigkeiten, Körperverhältnisse und den eigenen Charakter sein. Erst durch diese Anpassung werden die Techniken effektiv, mit dem Ergebnis, dass das eigene Karate-dô ein höheres Niveau erreicht.

Kata und Bunkai

Um Bunkai in der Tradition des Karate-dô den richtigen Wert zu geben, ist es notwendig, einen kurzen Blick in die Ursprünge dieser Disziplin zu werfen. Jedoch ohne in die Details zu gehen, um den Rahmen des Bunkai nicht zu sprengen. Für ausführlichere historische Informationen beachten Sie bitte das Literaturverzeichnis.

Die ersten Spuren einer waffenlosen Kampfmethode auf Okinawa führen in das 10. Jahrhundert zurück. Diese Methode wurde unter dem Namen Ti (Technik) bekannt, der aus dem okinawanischen Dialekt entstammt. Später wurde diese Bezeichnung durch das japanische Te (Hand) ersetzt. Ti existiert heute noch auf Okinawa und hat diverse moderne Karate-Stilrichtungen beeinflusst. Durch die Intensivierung der Kontakte mit der chinesischen Kultur im 14. Jahrhundert wurde Ti durch die chinesische Kampfmethode Quan-fa (oder Chuan-fa – auf japanisch Kempô) beeinflusst. So entstand Tôde („Technik aus China" oder „chinesische Hand"). Die Ursprungssysteme des Quan-fa entstammen den chinesischen Shaolin-Klöstern.
Im 18. und 19. Jahrhundert wurde Tôde – bedingt durch intensivere Handels- und sozialpolitische Kontakte – immer stärker durch chinesische Kampfkunst-Experten beeinflusst. So ergab es sich, dass – um der Kampfkunst in Okinawa eine Identität zu geben – „Tôde" in „Okinawa te" umbenannt wurde.
Das Okinawa te entwickelte sich durch die individuellen Auffassungen der verschiedenen Meister unterschiedlich, und so ergaben sich zwei Richtungen, welche als Shôrin ryû und Shôrei ryû bezeichnet wurden.
Shorin ryû, oder die äußere Schule, lehrte mehr die Schnelligkeit der Bewegungen, während Shôrei ryû, die innere Schule, die kraftvollen Techniken bevorzugte.
Das Okinawa te entwickelte sich hauptsächlich in drei Ortschaften und wurde deshalb nach diesen benannt:

Shuri te, Tomari te und Naha te. Die zwei Stile aus Shuri und Tomari waren sich sehr ähnlich und entsprachen der Shôrin-Richtung, im Stil aus Naha spiegelte sich die Shôrei-Schule wider. Die Bezeichnung „Karate", wie schon im ersten Buch dieser Serie erwähnt, wurde erst Ende der 20er-Jahre des 20. Jahrhunderts verwendet.
Heute gibt es auf Okinawa zahlreiche klassische Karate-Stilrichtungen, die wie folgt aufgeteilt werden können:

Shôrin ryû – aus Shuri te und Tomari te
Shôrei ryû – aus Naha te
Kempô – aus chinesischen Stilen
Ti – ursprüngliche Stile, ohne chinesische Einflüsse
Kobudô – Kampfmethode mit Waffen.

Die Lehre der Kampfdisziplin erfolgte lange Zeit nur in kleinen Kreisen und versteckt. Der Hauptgrund dafür waren die Waffenverbote, die auf Okinawa durch die Japaner eingeführt wurden. Erst später begannen die Meister eine größere Anzahl von Schülern aufzunehmen, allerdings nur nach genauerer Betrachtung oder aufgrund von Empfehlungen.
Jede Schule hielt ihre Spezialtechniken mit großer Sorgfalt geheim. Es war üblich, dass nur einem Schüler die volle Lehre der Schule zuteil wurde. In der Regel war es derjenige, der von seinem Meister als Nachfolger ausgewählt wurde. Dadurch bekam die Mehrzahl der Karateka nicht die vollständige Lehre mit auf den Weg. Hinzu kommt die Tatsache, dass Schüler, die als Nachfolger ausgebildet wurden, zum Teil vor der Weitergabe der Geheimtechniken verstarben. Als logische Konsequenz daraus gingen manche Techniken verloren. In anderen Fällen fanden die Meister nicht den geeigneten Schüler, der würdig war, die Lehre zu empfangen. So blieb der Meister streng konsequent und ließ den Kern seiner Schule verloren gehen. Am Anfang des 20. Jahrhunderts wuchs der Wunsch bei

diversen alten Karate-Meistern, ihre Disziplin weiter zu verbreiten.

Der Gedanke lag nahe, Karate in der Schule einzuführen. Es war jedoch nicht einfach, die gefährliche Kampfkunst in die schulische Institution kindergerecht zu integrieren. Dadurch entstand die Idee, die gefährlichsten Techniken aus dem Karate zu entfernen oder zu verstecken.

So wurde Karate vereinfacht. Techniken mit der offenen Hand wurden zum Teil entfernt, diverse Arten von Fauststößen oder Fußtritten modifiziert bzw. weggelassen. Auch die Art und Weise, wie die Vitalpunkte anzugreifen sind, wurde nicht vollständig in den Unterricht eingebaut. Auch die Kata wurden unter diesem Aspekt teilweise geändert. Die beste Möglichkeit, gefährliche oder geheime Techniken zu verstecken, boten natürlich die Kata. Sie ermöglichen es, Bewegungen unterschiedlich zu interpretieren. Einfache Anwendungen für die normalen Schüler und Anwendungen mit Spezialtechniken für diejenigen, welche die tiefere Lehre erfahren durften. Es gibt heute noch alte Karate-Meister, die auf Okinawa leben und die Meinung vertreten, dass das moderne Karate lange nicht so effektiv ist wie das klassische. Einfaches und typisches Beispiel dafür ist die Verwendung des Fauststoßes. Im modernen Karate wird der Zuki überwiegend mit den ersten Knöcheln des Zeige- und Mittelfingers geschlagen.

In verschiedenen klassischen Karate-Stilen wird diese Art nicht praktiziert, weil sie als uneffektiv gilt. Dafür wird der Nakadaka ippon ken (Fauststoß mit dem zweiten Knöchel des Mittelfingers) verwendet, da die Kontaktfläche kleiner ist und nicht nur die ganze Kraft des Angriffs auf einen kleineren Punkt konzentriert wird, sondern es auch einfacher ist, kleinere Vitalpunkte zu erreichen.

Eine zusätzliche Reduzierung der Karate-Techniken ist durch die Einführung der Meisterschaften erforderlich geworden. Extrem gefährliche Techniken – wie Kopf-, Knie-

und Ellenbogenstöße – sind, um gravierende Verletzungen zu vermeiden, verboten. Aus demselben Grund wurden die Angriffsziele deutlich eingeschränkt.

Es gibt weltweit jedoch Ausnahmestile, die nicht so extremen Einschränkungen unterliegen oder in denen sogar der volle Kontakt (mit oder ohne Schutz) vorgesehen ist. Ein ganz extremes Beispiel dafür ist das Kyokushinkai-Karate. Die absolute Mehrheit der Weltverbände stellt jedoch die Sicherheit der Sportler in den Vordergrund und nimmt die entsprechenden Entschärfungen und Einschränkungen der Karate-Techniken in Kauf. Daraus folgt, dass der Nahkampf so gut wie nie auf Meisterschaften vertreten ist.

Das bringt die weitere Tatsache mit sich, dass das Festhalten des Gegners ohne sofort darauf folgende Schlag- oder Wurftechnik nicht erlaubt ist und Hebeltechniken und Bodenkampf nicht praktiziert werden. Wie man alten Dokumenten (Büchern, Fotos und Videoaufnahmen) ansatzweise entnehmen kann, waren im klassischen Karate alle diese Techniken vorhanden.

Um diese wertvollen Aspekte am Leben zu erhalten und ein vollständiges Karate zu praktizieren, ist es erforderlich, dass man sich mit der Anwendung der Kata-Techniken intensiv beschäftigt. Beginnen sollte man bereits mit der korrekten Übersetzung mancher japanischen Begriffe (siehe auch „Erläuterung der Begriffe"):

Uke/Verteidigung
Bedeutet nicht unbedingt Abwehr, sondern Bewegung oder Technik, die auch einen Angriff oder Konter beinhalten kann.

Oi komi/Hineintreiben
Sich in die Deckung des Gegners so hineinbewegen, dass die eigene Technik (egal ob Abwehr oder Angriff)

verwüstend wirkt. Der Angreifer wird z. B. beim Abwehren so stark getroffen, dass die Abwehr an sich schon ein Angriff ist. Oder der Gegner wird mit einer Oi-komi-Technik zum Fallen gebracht.

Man versucht auch dem Angreifenden die Motivation und den Kampfgeist zu nehmen.

Diverse Verteidigungstechniken, als Oi-komi-Versionen einstudiert, lehren den Angriff und die Abwehr in einer Bewegung (z. B. Age uke oi komi, Shutô uke oi komi, Soto uke oi komi usw.).

Hiki te/zurückziehende Hand

Oft symbolisiert diese Bewegung in der Kata das Greifen (und evtl. Drehen) des angreifenden Armes, um den Gegner in eine absolut nachteilige Position zu bringen.

Kaishu/offene Hand

Grundsätzlich können alle mit offener Hand ausgeführten Techniken ein Greifen darstellen, um die Kontrolle über den Gegner zu erhöhen und seine Angriffsaktion zu unterbrechen.

Yôi/Achtung

Jede Kata beginnt in einem Zustand, in dem man sich auf die kommende Aktion konzentriert. Verschiedene Kata starten aus einem besonderen Yôi (Tekki shodan, Bassai shô, Bassai dai, Empi, Jion, Kankû dai, Jitte, Chinte, Ji'in, Unsu), welches – wie wir später sehen werden – jeweils eine versteckte Technik beinhaltet.

Selbstverständlich unterstreichen diese Yôi den Charakter einer Kata und übermitteln eine geistige Haltung oder eine philosophische Einstellung. Zusätzlich lehren sie jedoch eine Möglichkeit, in einer bestimmten Kampfsituation zu reagieren.

Um den Bunkai-Aspekt zu verstehen, ist es sehr wichtig, sich die unterschiedlichen Lerneffekte gezielt bewusst zu machen.

Die Schwachstellen der Gegner

Eine mögliche Verteidigungsstrategie ist die Suche nach der Schwachstelle des Gegners. Ziel dabei ist, ihn so unter Kontrolle zu bekommen, dass er nicht weiter frei handeln kann. Nutzt man diese Möglichkeit gut, so hat man die Wahl zu entscheiden, ob man den Gegner nur warnt, ohne ihn ernsthaft zu verletzen (z. B. durch Anwendung eines Hebels), oder die Handlung mit einer Schlagtechnik schnell zum Schluss führt.

Selbstverteidigung

Bunkai ist Kampf und Selbstverteidigung. In einer ernsthaften Situation hat man normalerweise nicht die im Dôjô übliche Bewegungsfreiheit. Enge Räume, Gegenstände oder Bodenunebenheiten stellen Hindernisse dar, die evtl. eine Ausführung der Techniken in gewohnter Art und Weise nicht zulassen.
Diese Tatsache erklärt eine weitere Lehre der Kata: In der Regel handelt man nach vorne, in Richtung des Gegners. Dadurch wird die Handlung geradlinig und entschlossen. Man unterbricht teilweise den Angriff schon im Entstehen und, was psychologisch nicht zu unterschätzen ist, nimmt dem Gegner damit den Kampfgeist. Mit dem Ergebnis, dass eventuell weitere Angriffe schwächer ausgeführt werden oder erst gar nicht stattfinden. Also kann durch die vorwärts gerichtete Handlung, auch mit Abwehr- oder besser mit Verteidigungstechniken, eine Kampfsituation schnell und entschlossen abgeschlossen werden. Mit dem Vorteil, dass man vermeiden kann, durch Hinternisse in eine unangenehme Situation zu geraten.

Charakterbildung

Die Geradlinigkeit und Entschlossenheit des Bunkai übermittelt uns im weitesten Sinn eine Lebenseinstellung. Man überträgt automatisch diese Handlungsweise in den Alltag und so wird sie mit der Zeit Bestandteil des eigenen Charakters. Ziele, die man sich setzt, werden konsequenter verfolgt, alltägliche Handlungen klarer definiert und Entscheidungen einfacher und übersichtlicher getroffen.

Das Konzentrieren der eigenen Energie auf einen Punkt wird zur Selbstverständlichkeit, was den Charakter positiv formt und sich im Alltag widerspiegelt.

Die Hara-Schulung

Bei Übungen mit dem Partner (alle Kumite-Formen – frei und vorgegeben) ist es für die Effektivität besonders wichtig, die Techniken mit dem ganzen Körper auszuführen. Da beim Bunkai oft in kurzer Distanz trainiert wird, ist hierbei der Körpereinsatz sogar verstärkt gefordert. Hebel-, Wurf- und Nahkampftechniken entfalten erst dann ihre Wirkung, wenn sie mit ausgeprägtem Hara-Einsatz ausgeführt werden. In den Kata kommen immer wieder Handlungen aus kurzen Stellungen vor. In solchen Fällen erfordert ein Kime-Punkt größere Fähigkeiten, als wenn dieselbe Technik aus einer stabileren Kampfstellung ausgeführt werden würde. Diese Fähigkeit wird in dem Satz „Die Technik aus der Körpermitte heraus starten" ausgedrückt.

Daher ist die Schulung des Hara durch das Bunkai ein unentbehrlicher Bestandteil des Karate.

Zusätzliche Kumite-Fähigkeiten

Im Kumite auf Meisterschaften oder im Dôjô wiederholen sich – bedingt durch den Wettkampfcharakter – immer wieder bestimmte Situationen,

Techniken oder Rhythmen. Im Bunkai, als vorgegebenes Kumite gesehen, ergeben sich die unterschiedlichsten Situationen, andere Distanzen, Rhythmen und Techniken, welche – zusätzlich zu den anderen Kumite-Formen – die Fähigkeiten des Karatekas ergänzen. Beispielsweise werden im Bunkai mit Fußtechniken Ziele angegriffen, die auf Meisterschaften nicht erlaubt sind. Dies bietet die Möglichkeit, den Kampf unter einem neuen Gesichtspunkt zu sehen. Oder das Üben von vielen ungewöhnlichen Abwehrtechniken, die im Nahkampf effektiver und leichter anwendbar sind als die gewohnten Verteidigungstechniken in der „normalen" Distanz.

Die Aufzählung kann beliebig fortgesetzt werden: ungewöhnliche Angriffstechniken mit den Armen (z. B. die erste Kombination aus Heian nidan), außergewöhnliche Abwehr-Konter-Kombinationen, Reaktionsfähigkeit auf kurze Distanz, Wurftechniken – mit und ohne Fegen – die sich aus verschiedenen Situationen ergeben, Hebeltechniken, die sonst nie oder selten geübt werden, etc.

Die Entwicklung des Karate von der Kampfdisziplin zum Sport hat seine weltweite Verbreitung ermöglicht. Gleichzeitig ist Karate gerade dadurch „entschärft" worden. Die klassische Disziplin, die teilweise dem Überleben diente, hat sich an die neuen Generationen und ihre Gesellschaften angepasst.

Ein Großteil der ursprünglichen Informationen des klassischen Karate wurde uns jedoch durch die Kata überliefert. Die Auseinandersetzung mit deren Anwendungen bietet uns die Möglichkeit, Erkenntnisse zu gewinnen, die unser Karate-dô bereichern.

Danksagungen

Nicht nur aus Gründen der steten Übung hat das Team mal wieder sehr gut harmoniert!
Jeder kennt sein Aufgabengebiet, und diejenigen, die dazugekommen sind, weil die Realisierung des Bunkai-Buches noch mehr Unterstützung benötigt hat, haben sich optimal in das Team integriert.
Für die verschiedenen grafischen und textlichen Arbeitsschritte wurde ich von meiner Frau Paola, meinen Freunden Bianca Schelling, Nicole Weinreich und Jörg Hommel unterstützt.
Für die Unterstützung in den technischen Belangen danke ich Rainer Gairing und Andreas Dostal (für die Anfertigung der Zeichnungsvorlagen) sowie Bernd Weinreich und meinem Sohn Ennio (der zu den unmöglichsten Uhrzeiten zu Hilfe gerufen wurde).
Wieder durfte ich die japanischen Schriftzeichen aus dem Buch „Shôtôkan no Hyakkajiten" von Schlatt verwenden.

Mein Dankeschön an alle für die engagierte und aktive Mitarbeit.

Heian shodan 平安初段

Auf einen Blick

Heian shodan

Enbusen

Frieden und Ruhe, 1. Stufe

Yôi
Hachi ji dachi

Gedan barai Zenkutsu dachi	**Angriff:** *Chûdan mae geri.* **Verteidigung:** Abwehren ...
Chûdan oi zuki Zenkutsu dachi	... und während der Gegner hinten absetzt, mit einem Schritt nach vorne kontern.

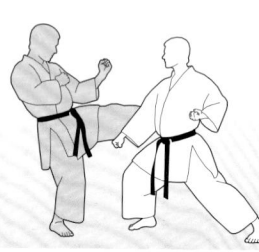

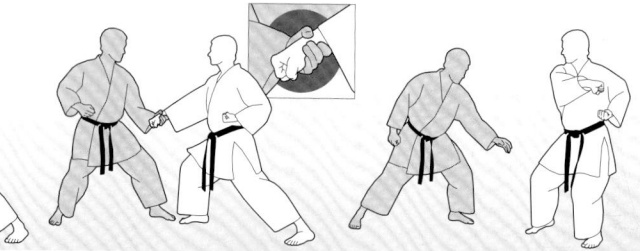

Gedan barai Zenkutsu dachi	**Angriff:** *Chûdan mae geri.* **Verteidigung:** Abblocken. Der Gegner hält den Arm am Handgelenk fest. Um diesen zu befreien, die Hand kräftig gegen den Uhrzeigersinn drehen und den Arm kreisförmig nach oben reißen. ...

Chûdan tettsui uchi Zenkutsu dachi	... Die Kreisbewegung wird weitergeführt und dazu benutzt, mit Tettsui uchi anzugreifen. ...
Chûdan oi zuki Zenkutsu dachi	... Mit dem Angriffsarm den Gegner zurückstoßen, ...

Heian shodan

... nachsetzen und die Aktion mit einer Abschlusstechnik beenden.

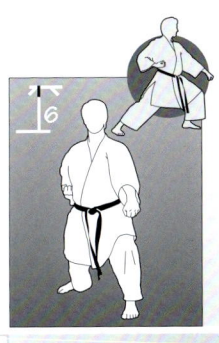

Gedan barai
Zenkutsu dachi

Angriff: *Chûdan mae geri.*
Verteidigung: Den Fußtritt abblocken ...

Age shutô uke
Zenkutsu dachi

... und den sofort darauf folgenden Jôdan-oi-zuki-Angriff nach oben abwehren. Danach greift und dreht die Abwehrhand das gegnerische Handgelenk und zwingt damit den Ellenbogen des Angreifers nach unten. ...

Age uke
Zenkutsu dachi

... Nach einem Wechselschritt endet die Aktion mit einem Angriff zum Ellenbogen.

Age uke
Zenkutsu dachi

Angriff: *Jôdan oi zuki.*
Verteidigung: Abwehren, die Hand öffnen und den Gegner am Arm fixieren. Dieser wird damit in der gewünschten Distanz gehalten und nach hinten geschoben. ...

Age uke
Zenkutsu dachi

... Dieses Mal wird mit einem Unterarmkonter zum Kinn (Age uke oi komi) abgeschlossen.

Gedan barai
Zenkutsu dachi

Angriff: *Chûdan gyaku zuki.*
Verteidigung: Abwehren, ...

Heian shodan

... den Gegner rückwärts drängen  ... | Chûdan oi zuki Zenkutsu dachi | ... und mit einem Schritt nach vorne kontern. 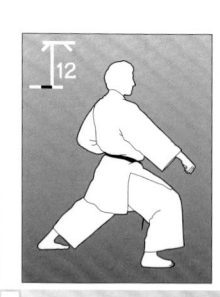 | Gedan barai Zenkutsu dachi

Angriff: Gedan oi zuki.
Verteidigung: Abblocken, ... | Chûdan oi zuki Zenkutsu dachi | ... den Gegner am Arm halten, nach hinten drücken und mit einem Vorwärtsschritt kontern.

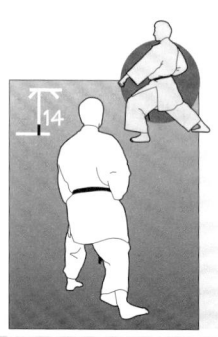

Gedan barai Zenkutsu dachi | **Angriff:** Chûdan mae geri. **Verteidigung:** Den Fußtritt vorbeileiten ... | Chûdan oi zuki Zenkutsu dachi | ... und während der Gegner hinten absetzt, mit einem Vorwärtsschritt kontern. Da diese Technik abgewehrt wird, ...

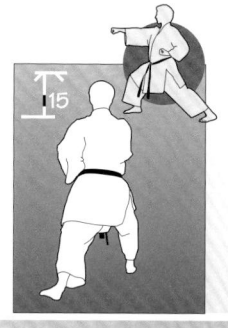

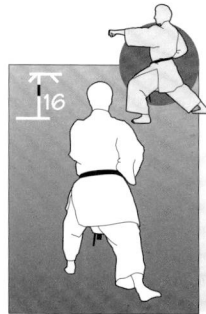

Chûdan oi zuki Zenkutsu dachi | ... nochmals im Vorwärtsgehen angreifen. Der Gegner blockt auch diesen Angriff, ... | Chûdan oi zuki Zenkutsu dachi | ... weshalb er jetzt festgehalten und nach einem Wechselschritt attackiert wird, ...

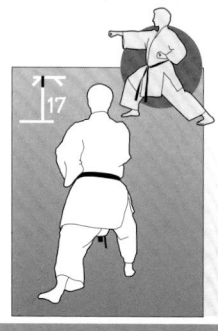

Heian shodan

... um damit die Aktion zu beenden.

Shutô uke
Kôkutsu dachi

Angriff: Chûdan zuki.
Verteidigung: Blocken ...

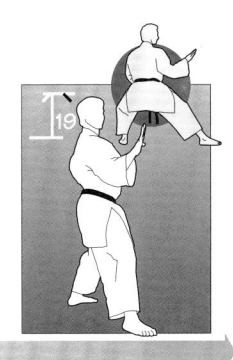

Shutô uke
Kôkutsu dachi

... und mit der Abwehrhand den Gegner kontrollieren, um mit einem Vorwärtsschritt zum Hals zu kontern.

Shutô uke
Kôkutsu dachi

Angriff: Chûdan zuki.
Verteidigung: Abwehren ...

Shutô uke
Kôkutsu dachi

... und die Technik beim Vorwärtsgehen in einen Gohon-nukite-Angriff zum Hals umwandeln. Gleichzeitig wird für die Kontertechnik ausgeholt und die Aktion mit einem Angriff zum Schlüsselbein beendet (Shutô uke oi komi).

Yame
Hachi ji dachi

Die hier gezeigten Anwendungen sind Standard-Interpretationen, welche dem Karateka – der sich mit der ersten Kata der Heian-Serie beschäftigt – eine Basis bieten, um später komplexere Bunkai-Techniken daraus ableiten zu können. Schon für Techniken wie Shutô uke (Nr. 18 bis 21) werden in den höheren Kata andere Anwendungen vorgezogen.

Bei der Technik Nr. 3 – der Befreiung aus dem Griff zum Handgelenk – ist auf drei Dinge besonders zu achten. Die Handdrehung muss sehr schnell erfolgen, wobei der Arm auf keinen Fall angewinkelt werden darf, und die Kreisbewegung muss sehr groß ausgeführt werden. Wird einer diese Punkte vernachlässigt, funktioniert die Anwendung nicht.

Die Age-uke-Techniken (Nr. 7 bis 9) können z. B. auch Verteidigungen gegen Stockangriffe sein.

Diese Anwendungen sollten jedoch erst in einer fortgeschritteneren Stufe in Betracht gezogen werden.

Die drei Oi-zuki-Angriffe (Nr. 15 bis 17), mit dem Partner geübt, verdeutlichen das Sanbon-Prinzip.

Der erste Angriff wird vom Gegner erfolgreich abgewehrt und der zweite ebenfalls. Der dritte jedoch bereitet dem Gegner nicht nur durch die Erhöhung der Geschwindigkeit Schwierigkeiten, sondern auch durch die Veränderung des Rhythmus.

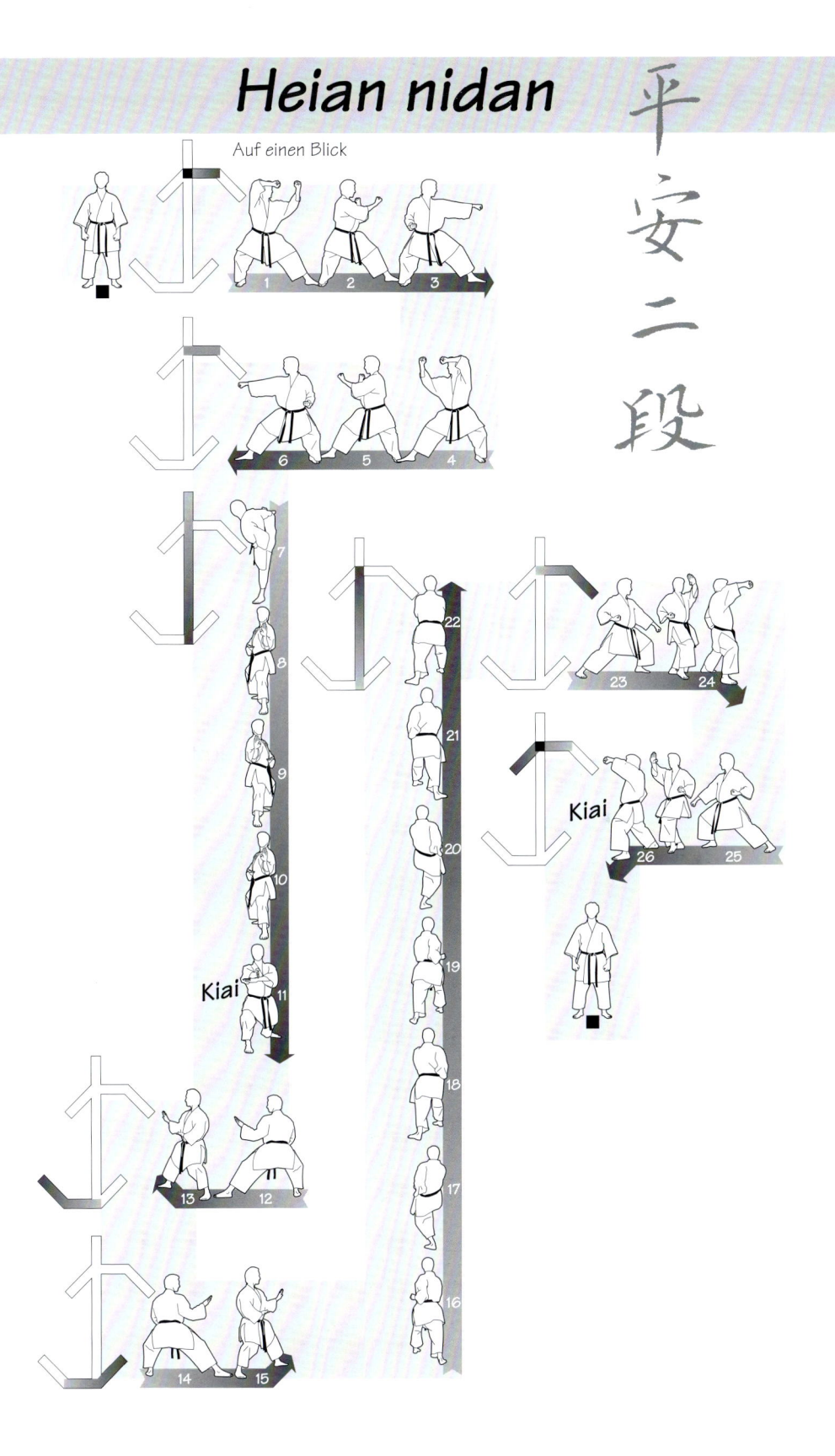

Heian nidan 平安二段

Auf einen Blick

Heian nidan

Enbusen

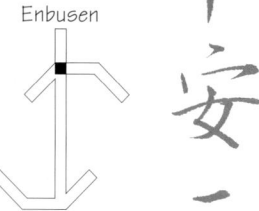

Frieden und Ruhe, 2. Stufe

Yôi
Hachi ji dachi

---

1. Jôdan haiwan uke – Jôdan kamae Kôkutsu dachi

Angriff: Jôdan oi zuki.
Verteidigung: Mit dem vorderen Arm abwehren und mit dem Hinterarm die Kontertechnik vorbereiten. ...

2. Soto uke – Chûdan tettsui uchi Kôkutsu dachi

... Den Gyaku-zuki-Angriff des Gegners abwehren und gleichzeitig zum Ellenbogen angreifen. ...

3. Chûdan tettsui uchi Kôkutsu dachi

... Den gegnerischen Arm fixieren und heranziehen. Sofort zu der sich ergebenden Verteidigungslücke kontern. ...

4. Jôdan haiwan uke – Jôdan kamae Kôkutsu dachi

Angriff: Jôdan mawashi geri.
Verteidigung: Den Fußtritt mit dem Vorderarm blockieren, während der linke Arm ausholt. ...

5. Soto uke – Chûdan tettsui uchi Kôkutsu dachi

... Den gegnerischen Gyaku-zuki-Angriff vorbeileiten und zeitgleich Chûdan kontern (Gyaku tate zuki). ...

6. Chûdan tettsui uchi Kôkutsu dachi

... Wieder den angreifenden Arm halten und den Gegner in den Chûdan-Konter hineinziehen.

Heian nidan

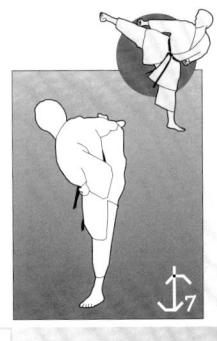

Jôdan uraken uchi
Jôdan
yoko geri keage

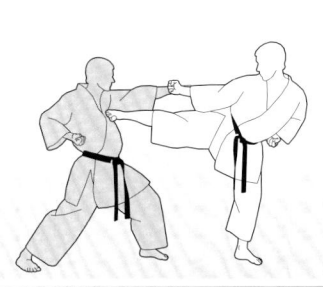

Angriff: Jôdan oi zuki.
Verteidigung: Gleichzeitige Armabwehr- und Beinkontertechnik. Den angreifenden Arm halten und mit Fumikiri zum Oberschenkel nachsetzen.

Shutô uke
Kôkutsu dachi

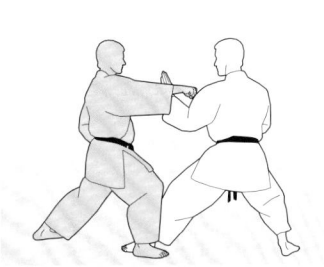

Angriff: Chûdan oi zuki.
Verteidigung: Abwehren, ...

Shutô uke
Kôkutsu dachi

... am Angriffsarm ziehen und mit einem Wechselschritt nach vorne kontern.

Shutô uke
Kôkutsu dachi

Angriff: Chûdan zuki.
Verteidigung: Blocken ...

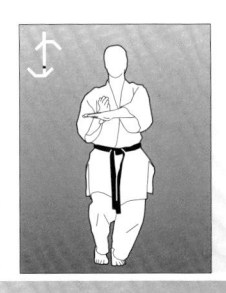

Te osae uke

... und den darauf folgenden Chûdan-gyaku-zuki-Angriff im Vorwärtsgehen nach unten drücken. ...

Chûdan gohon nukite
Zenkutsu dachi

... Zum Solarplexus oder Hals kontern.

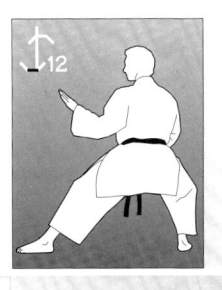

Shutô uke
Kôkutsu dachi

Angriff: Chûdan oi zuki.
Verteidigung: Nach vorne gleiten und im Schulterbereich abwehren. ...

Shutô uke
Kôkutsu dachi

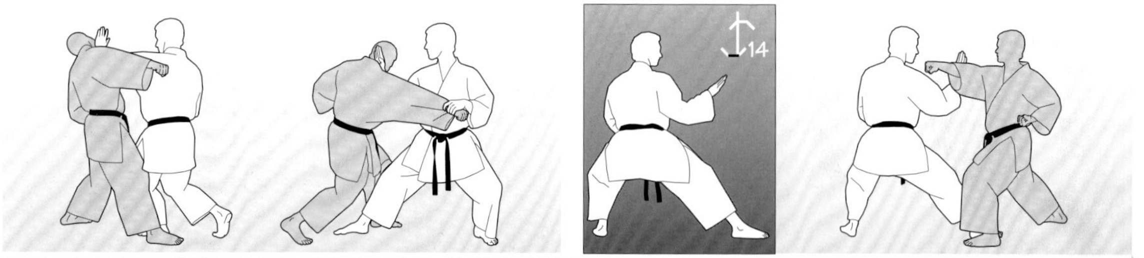

Heian nidan

... Mit der Abwehrhand den Gegner am Kinn nach hinten drücken und ihn dann, im Vorwärtsgehen, in die Kontertechnik zum Hals ziehen.

Shutô uke
Kôkutsu dachi

Angriff: Chûdan gyaku zuki.
Verteidigung: Abwehren, ...

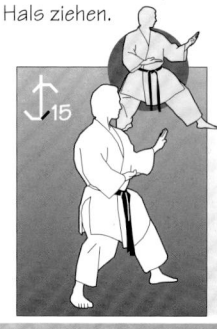

Shutô uke
Kôkutsu dachi

... den angreifenden Arm am Handgelenk halten und nach einem Wechselschritt mit Chûdan seiryûtô uchi links angreifen.

Uchi uke
gyaku hanmi
Zenkutsu dachi

Angriff: Chûdan oi zuki.
Verteidigung: Blocken, ...

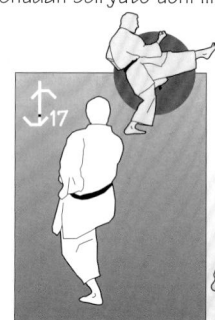

Chûdan
mae geri keage

... den Angriffsarm fixieren und mit der Kombination Mae geri – ...

Chûdan gyaku zuki
Zenkutsu dachi

... Gyaku zuki kontern.

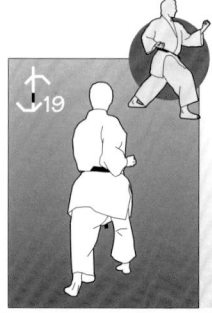

Uchi uke
gyaku hanmi
Zenkutsu dachi

Angriff: Chûdan oi zuki.
Verteidigung: Abwehren ...

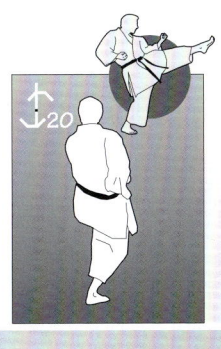

Chûdan mae geri keage 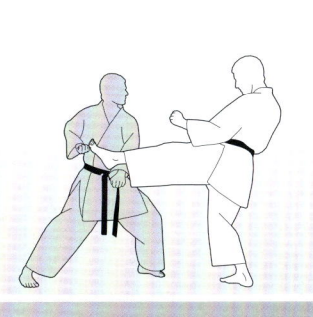 — ... und direkt kontern, ohne den Arm zu halten. Der Gegner wehrt ab, ...

Chûdan gyaku zuki Zenkutsu dachi  — ... weshalb beim Absetzen nochmals angegriffen wird. Auch diese Technik scheitert an der Abwehr. ...

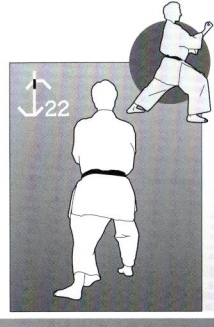

Chûdan morote uke Zenkutsu dachi  — ... Dem Gegner durch einen Schritt in seine Deckung jede weitere Abwehrmöglichkeit nehmen, um dann erfolgreich abzuschließen.

Gedan barai Zenkutsu dachi

Angriff: Chûdan mae geri.
Verteidigung: Abblocken. ...

Age shutô uke 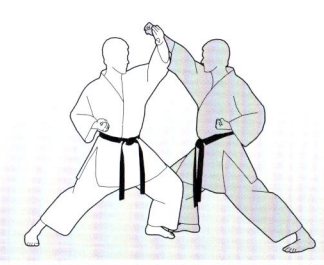  — ... Den gegnerischen Jôdan-oi-zuki-Angriff im Vorwärtsgehen abwehren. Die bereits offene Abwehrhand greift und dreht das Handgelenk des Gegners, so dass dessen Ellenbogen nach unten gezwungen wird. ...

Age uke Zenkutsu dachi

... Mit einer kräftigen Verteidigungstechnik (Age uke oi komi) zum Ellenbogen angreifen.

Gedan barai Zenkutsu dachi

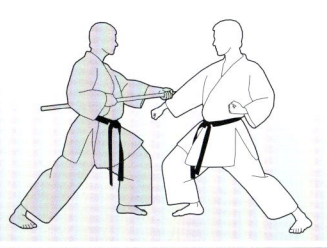

Angriff: Stich mit dem Stock.
Verteidigung: Mit einem Schritt in Richtung des Gegners abwehren. ...

Age shutô uke

... Der Gegner greift, mit einer Kreisbewegung von oben nach unten, sofort wieder an. Angriff blockieren, den Gegner am Handgelenk halten ...

Age uke
Zenkutsu dachi

... und ziehen. Gleichzeitig mit einem Schritt nach vorne gegen das Kinn kontern (Age uke oi komi).

Yame
Hachi ji dachi

Heian nidan stellt auch im Bunkai-Bereich, wie schon in der Ausführung der Kata selbst, eine deutliche Steigerung zu Heian shodan dar.

Die Verteidigungssituationen zwingen den Schüler dazu, sich zu entscheiden, an welche Stelle und mit welcher Technik er kontert. Wenn der Gegner größer ist, empfiehlt es sich häufig, eine Chûdan-Kontertechnik anzuwenden. Ist er jedoch kleiner, bietet es sich an, Jôdan zu kontern, völlig unabhängig von den hier dargestellten Lösungen. Die Anfangstechniken der Kata (bis Nr. 3) werden spiegelbildlich wiederholt (Nr. 4 bis 6). Hier bietet es sich an, zwei verschiedene Anwendungen mit unterschiedlichem Schwierigkeitsgrad zu üben, um den Lerneffekt zu erhöhen. Die zusätzliche Technik Fumikiri zum Oberschenkel (Nr. 7) dient dazu, die Sequenz auch in dem Fall erfolgreich abzuschließen, wenn der Yoko geri keage nicht als endgültige Technik platziert werden konnte.

Die Interpretation der Technik Nr. 22 (Morote uke) ist hier als Jôdan-Angriff vorgesehen. Jedoch könnte sie auch eine Abwehr gegen den Ellenbogen des Gegners darstellen, falls dieser mit Oi zuki rechts angreift. Stark und präzise als „Oi-komi-Technik" ausgeführt, kann der Morote uke auch als Konter benutzt werden. Die letzte Sequenz der Kata sieht eine Verteidigung gegen eine Stock-Kombination vor. Zum ersten Mal taucht der Stock als mögliche Waffe auf. Selbstverständlich kann an dieser Stelle auch eine waffenlose Verteidigung vorgesehen werden.

Prinzipiell gilt es, Stockangriffe in der Nähe der gegnerischen Hände abzuwehren, um eigene Verletzungen an Armen und Händen zu vermeiden.

Dies setzt ein Abwehren nach vorne voraus, um in die Nähe des Gegners zu gelangen, damit danach selbst agiert werden kann. Außerdem ist der Stock an der Spitze am gefährlichsten.

Beim Training mit dem Stock ist sowohl eine gute Kontrolle als auch fachmännische Leitung notwendig, um Verletzungen zu vermeiden.

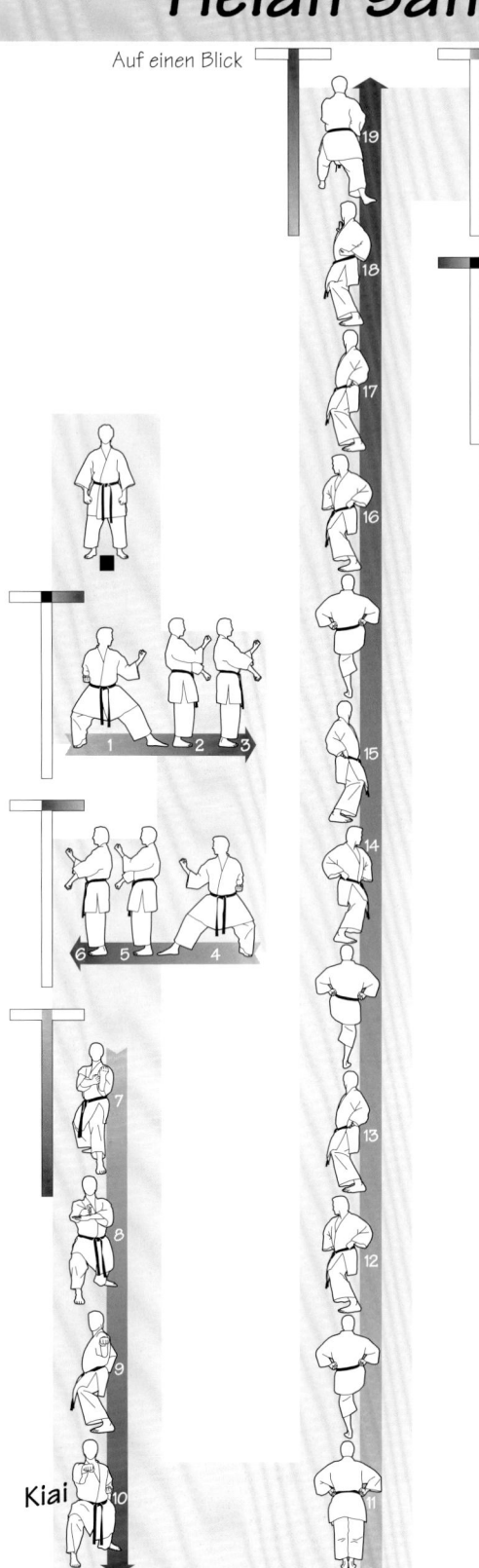

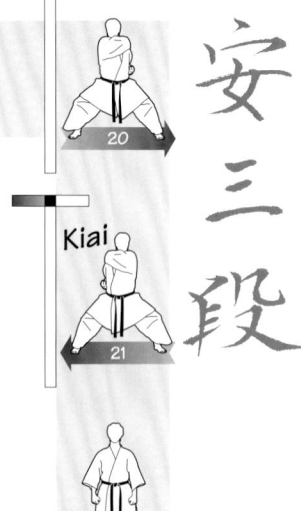

Heian sandan 平安三段

Auf einen Blick

Kiai

Kiai

Heian sandan

Enbusen Frieden und Ruhe, 3. Stufe

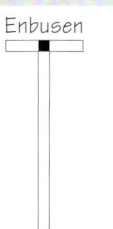

Yôi
Hachi ji dachi

1 Uchi uke
Kôkutsu dachi

Angriff: Chûdan gyaku zuki.
Verteidigung: Den Angriff vorbeileiten. ...

2 Uchi uke –
Gedan barai
Heisoku dachi

... Der Gegner greift im Zurückgleiten mit Chûdan heikô zuki an. Abblocken ...

3 Gedan barai –
Uchi uke
Heisoku dachi

... und durch einen schnellen Armwechsel, Jôdan und Gedan gleichzeitig von innen nach außen kontern.

4 Uchi uke
Kôkutsu dachi

Angriff: Chûdan oi zuki.
Verteidigung: Abwehren ...

5 Uchi uke –
Gedan barai
Heisoku dachi

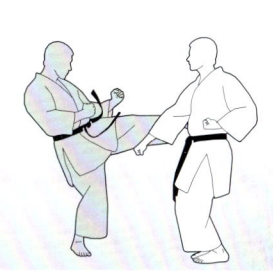

... und den sofort darauf folgenden Chûdan-mae-geri-Angriff ebenfalls abblocken. Beim Absetzen greift der Gegner zum dritten Mal mit einem Chûdan gyaku zuki an, der jedoch wieder abgewehrt wird. ...

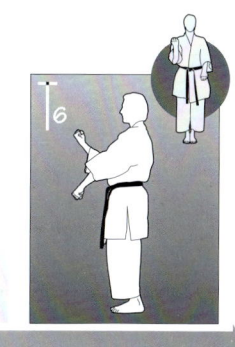

6 Gedan barai –
Uchi uke
Heisoku dachi

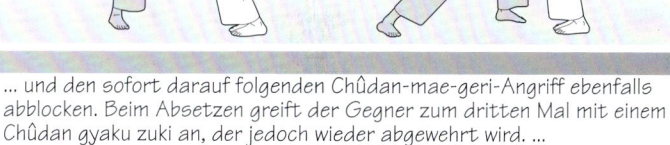

Heian sandan

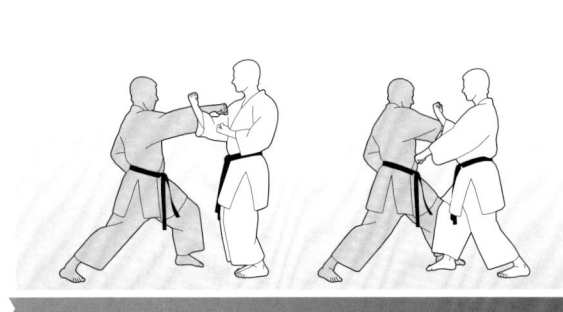

... Um weitere Angriffe zu verhindern wird der rechte Arm des Gegners zur Seite gezwungen und gleichzeitig Chûdan gekontert.

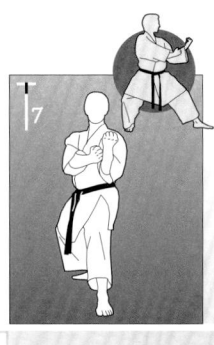

Chûdan morote uke
Kôkutsu dachi

Angriff: Chûdan mae geri.
Verteidigung: Mit einer unterstützten Technik abwehren. ...

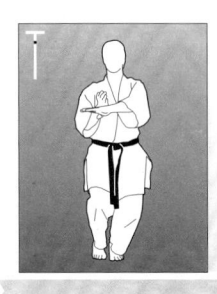

Te osae uke

... Beim Absetzen greift der Gegner mit Chûdan zuki an. Während eines Wechselschrittes den Angriff nach unten führen ...

Chûdan gohon nukite
Zenkutsu dachi

... und kontern. Der Gegner leitet jedoch den Konter zur Seite ...

... und hält das Handgelenk fest. Um den gegnerischen Griff zu lockern, die Hand um 180° drehen und eine Körperdrehung über den Rücken ausführen. ...

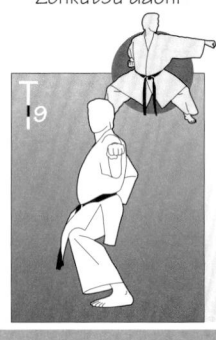

Chûdan tettsui uchi
Kiba dachi

... Mit einem bewussten Hikite die rechte Hand befreien und links kontern. ...

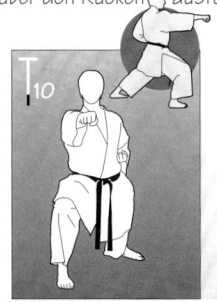

Chûdan oi zuki
Zenkutsu dachi

... Danach den Gegner nach hinten stoßen und die Aktion mit einem Vorwärtsschritt und einer zweiten Kontertechnik beenden.

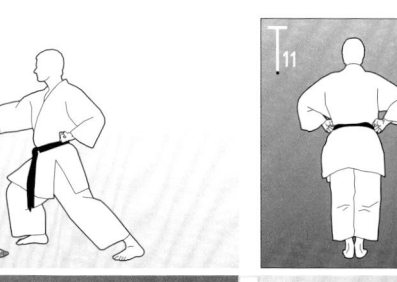

Koshi kamae
Heisoku dachi

Heian sandan

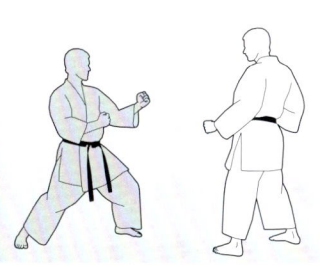

Angreifer: Angriffsvorbereitung.
Verteidiger: Konzentration auf die kommende Aktion. ...

Angriff: Chûdan mae geri.
Verteidigung: Von außen nach innen abwehren (Ashibô kake uke). ...

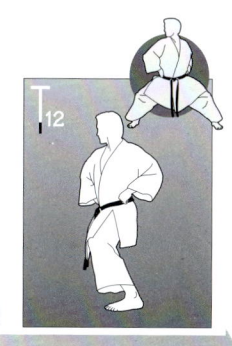

Kata uke
Fumikomi –
Kiba dachi

... Den gegnerischen Chûdan-oi-zuki-Angriff blocken ...

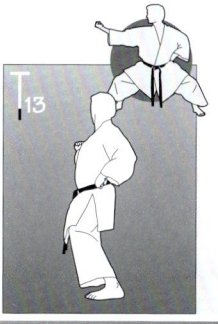

Chûdan
tate uraken uchi
Kiba dachi

... und mit Uraken uchi von oben nach unten kontern.

Angriff: Chûdan zuki.
Verteidigung: Das Knie anziehen, um Fumikomi vorzubereiten. ...

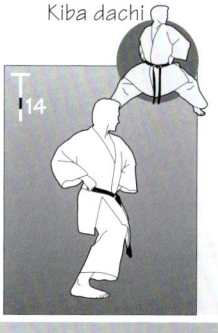

Kata uke
Fumikomi –
Kiba dachi

... Den Chûdan-Angriff abwehren und gleichzeitig mit einem Stampftritt kontern. ...

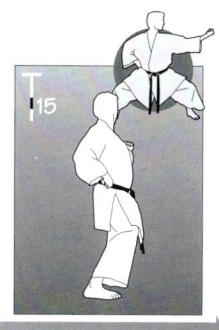

Chûdan
tate uraken uchi
Kiba dachi

... Wenn der Arm des Gegners nicht im Weg steht, waagerecht kontern, ansonsten senkrecht, wie zuvor.

Angriff: Gedan oi zuki.
Verteidigung: Mit Hiza uke blocken. ...

Kata uke
Fumikomi –
Kiba dachi

Heian sandan

... Den nachfolgenden Chûdan-gyaku-zuki-Angriff abwehren ...

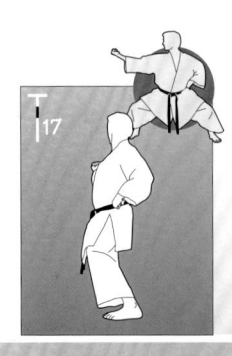

Chûdan tate uraken uchi
Kiba dachi

... und von oben nach unten kontern. Da die Technik vom Gegner abgewehrt wird, ...

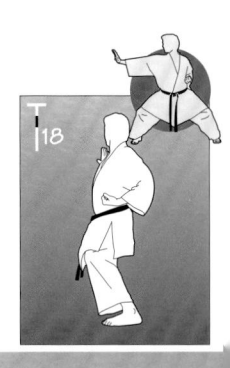

Tate shutô uke
Kiba dachi

... den rechten Arm kreisförmig nach vorne bewegen, um den gegnerischen Arm wegzudrücken ...

Chûdan oi zuki
Zenkutsu dachi

... und mit einem Vorwärtsschritt nochmals angreifen. Der Gegner wehrt im Zurückgehen ab und hält den Arm fest. Während eines weiteren Vorwärtsschrittes mit Jôdan mawashi zuki kontern. ...

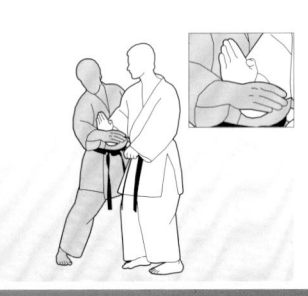

... Die Armbewegung fortsetzen und mit einem Shutô uchi zum Handgelenk des Gegners, die eigene Hand befreien. Die Körperdrehung weiterführen ...

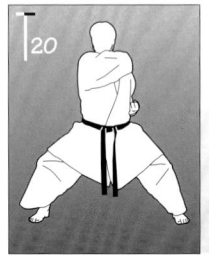

Ushiro empi uchi –
Ushiro tate zuki
Kiba dachi

... (Tai sabaki), das linke Bein nach hinten setzen und mit einer Doppeltechnik kontern.

Ushiro empi uchi –
Ushiro tate zuki
Kiba dachi

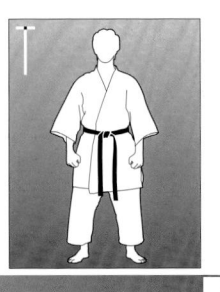

Angriff: Umklammerung von hinten.
Verteidigung: Dem Gegner zuvorkommen und mit einer Doppeltechnik die Umklammerung verhindern.

Yame
Hachi ji dachi

Die Doppeltechniken Nr. 2 und 3 sowie Nr. 5 und 6 stellen sich in der Anwendung als sehr lehrreich heraus. In der Praxis wird häufig nicht richtig ausgeholt, um die Bewegungen sehr schnell ausführen zu können.
Dies zeigt deutlich, dass man sich mit deren Anwendung nicht ausreichend beschäftigt hat.
Druch ein ausführliches Bunkai-Training kann dieser Mangel beseitigt werden.
Die Anwendung der Technik Nr. 5 (Uchi uke – Gedan barai) wird hier bewusst getrennt gezeigt, um eine Alternative zu der davor spiegelbildlich gezeigten Verteidigung anzubieten.
Mit den Techniken Nr. 19 und 20 zeigt die Heian sandan zwei wichtige Aspekte des Karate auf. Zum einen die Wirksamkeit eines schellen Schritt- und Stellungswechsels, zum anderen das Eindringen in die Deckung des Gegners, um eine für ihn völlig unerwartete Situation zu erzeugen.
Die letzten zwei Techniken, Nr. 20 und 21, stellen eine gefährliche Situation dar, da der Gegner nicht beobachtet werden kann. Aus diesem Grund besteht die Verteidigung aus jeweils einer Doppeltechnik. Sollte eine Technik nicht richtig treffen, findet die zweite ihr Ziel.
In solchen Situationen ist es jedoch immer ratsam, sich schnell aus der Reichweite des Gegners zu drehen, um der nachteiligen Position zu entkommen und eventuell noch einmal zu kontern. Im Training kann man die dargestellten, teilweise sehr langen Sequenzen auch trennen, um die Übungen zu vereinfachen.

Heian yondan 平安四段

Auf einen Blick

Kiai

Kiai

Heian yondan

Enbusen

Frieden und Ruhe, 4. Stufe

Yôi
Hachi ji dachi

Jôdan haishu uke –
Jôdan kamae
Kôkutsu dachi

Angriff: Jôdan oi zuki.
Verteidigung: Abwehren und die Kontertechnik mit dem hinteren Arm vorbereiten. Den angreifenden Arm festhalten und mit Jôdan shutô uchi kontern.

Jôdan haishu uke –
Jôdan kamae
Kôkutsu dachi

Angriff: Jôdan mawashi zuki.
Verteidigung: Mit dem linken Arm blocken (Jôdan age shutô uke) und gleichzeitig mit Shutô uchi zum Hals kontern. Den Gegner an der Schulter und am Handgelenk fassen, mit Unterstützung eines Fußfegers (Ashi barai) zu Boden reißen und dort kontern.

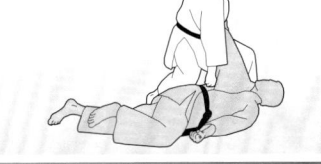

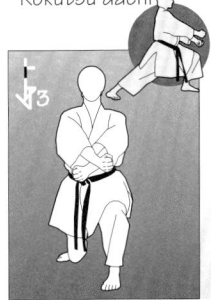

Gedan jûji uke
Zenkutsu dachi

Angriff: Chûdan mai geri.
Verteidigung: Den Fußtritt schon im Ansatz blocken ...

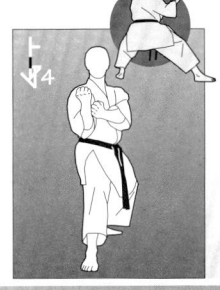

Chûdan morote uke
Kôkutsu dachi

... und mit einem Schritt nach vorne den Gegner aus dem Gleichgewicht bringen. ...

Heian yondan

... Mit Otoshi uraken uchi, durch die linke Hand verstärkt, zum Schlüsselbein angreifen.

Jôdan uraken uchi
Jôdan
yoko geri keage

Angriff: Jôdan oi zuki. ⚠
Verteidigung: Abwehren und gleichzeitig zum Kinn kontern. ...

Chûdan
mae empi uchi
Zenkutsu dachi

... Den Gegner am Rücken fassen und in den abschließenden Ellenbogenstoß ziehen.

Jôdan uraken uchi
Jôdan
yoko geri keage

Angriff: Ren zuki.
Verteidigung: Mit der Fußkante den Oi zuki nach oben leiten und den nachfolgenden Gyaku-zuki-Angriff mit Uraken uke abwehren. ...

... Um weitere Angriffe zu vermeiden, den Angriffsarm nach rechts drücken ...

Chûdan mae empi uchi
Zenkutsu dachi

... und mit einem Ellenbogenstoß kontern.

Jôdan kamae –
Gedan shutô uke
Zenkutsu dachi

Angriff: Chûdan mae geri.
Verteidigung: Abwehren und die Kontertechnik vorbereiten. ...

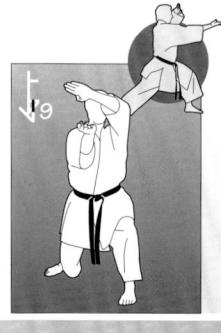

Jôdan shutô uchi –
Age shutô uke
Zenkutsu dachi

... Der Gegner greift beim Absetzen mit Jôdan oi zuki an, wird abgewehrt und seinerseits zum Hals attackiert. ...

Jôdan
mae geri keage

Heian yondan

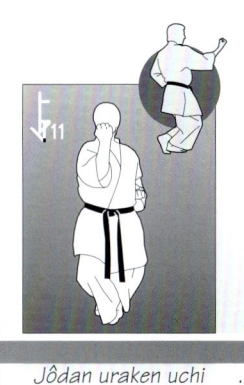

... Die gegnerische Hand halten und drehen, den Gegner nach hinten drücken und die Konteraktion mit einem Fußtritt fortsetzen. ...

Jôdan uraken uchi
Kôsa dachi

... Mit Uraken uchi zum Kopf abschließen.

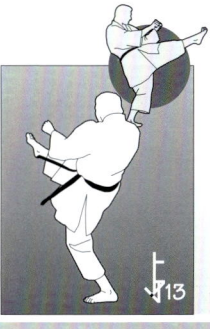

Kakiwake uke
Kôkutsu dachi

Angriff: Griffversuch mit beiden Händen.
Verteidigung: Nach außen leiten ...

Chûdan
mae geri keage

... und mit einem Wechselschritt kontern. ...

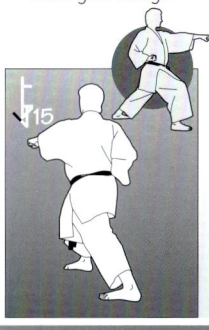

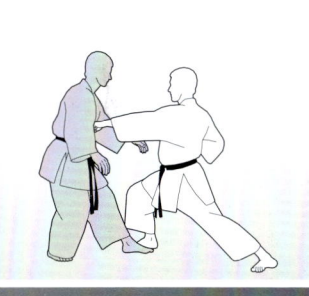

Chûdan oi zuki
Zenkutsu dachi

... Beim Absetzen mit der Faustkombination Ren zuki ...

Chûdan gyaku zuki
Zenkutsu dachi

... nachsetzen.

Kakiwake uke
Kôkutsu dachi

Angriff: Hasami zuki.
Verteidigung: Von innen nach außen abwehren, den Gegner an den Armen festhalten ...

Chûdan
mae geri keage

Heian yondan

... und, um einen Wechselschritt zu vermeiden, mit Hiza geri kontern. ...

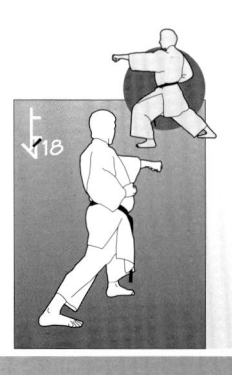

Chûdan oi zuki
Zenkutsu dachi

... Da der Abstand zum Gegner sehr gering ist, beim Absetzen mit Mae empi uchi ...

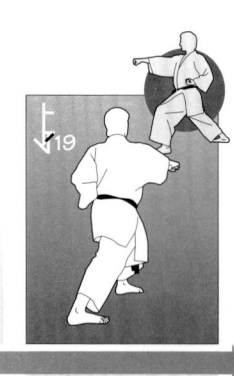

Chûdan gyaku zuki
Zenkutsu dachi

... und Mawashi empi uchi gyaku hanmi kontern.

Chûdan morote uke
Kôkutsu dachi

Angriff: Chûdan mae geri.
Verteidigung: Abwehren ...

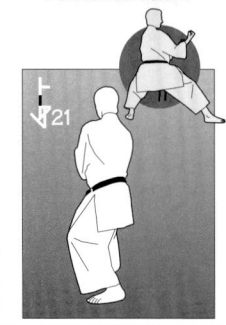

Chûdan morote uke
Kôkutsu dachi

... und vorgehen. Den gegnerischen Chûdan-gyaku-zuki-Angriff nach unten abblocken (Te osae uke) und kontrollieren. Mit Jôdan tate uraken uchi kontern.

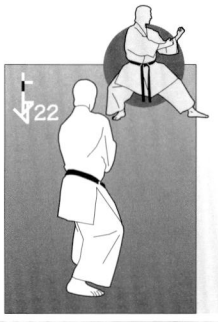

Chûdan morote uke
Kôkutsu dachi

Angriff: Waagerechter Stockangriff.
Verteidigung: Durch einen Vorwärtsschritt die Angriffslinie brechen und so nah wie möglich am Gegner abwehren. ...

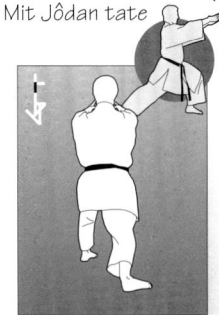

Tsukami yose
Zenkutsu dachi

... Den Arm des Gegners fixieren und mit der rechten Hand seinen Kopf ...

Hiza geri

... nach unten in den abschließenden Kniestoß ziehen.

42

Heian yondan

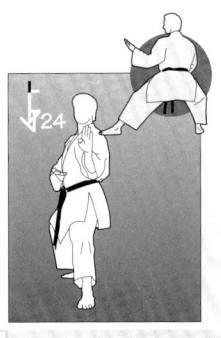

Angriff: Griff zum Gi.
Verteidigung: Mit der Handkante den Greifarm attackieren ...

Shutô uke
Kôkutsu dachi

Shutô uke
Kôkutsu dachi

... und sofort danach kontrollieren. Mit der rechten Hand zum Hals kontern, an Kopf oder Schulter packen und in den nachfolgenden Kniestoß (Hiza geri) ziehen.

Yame
Hachi ji dachi

Gleich die ersten zwei Kontertechniken werden in dieser Kata frei interpretiert. Je nach Fortschritt des Karateka können unterschiedliche Verteidigungen geübt werden.

Zum ersten Mal taucht in einer Kata die Technik Jûji uke auf (Nr. 3). Diese Sequenz sollte unbedingt mit Partner geübt werden, um den Gedan-Block im richtigen Augenblick gegen einen Fußtritt einsetzen zu können. Sollte der Gegner bereits begonnen haben, sein Bein auszustrecken, ist die Technik unwirksam.

Das wichtigste Lernziel dabei ist das Eindringen in die Deckung des Gegners, um den Angriff schon im Ansatz zu vereiteln.

Die Serien von Nr. 12 bis 15 und Nr. 16 bis 19 zeigen dieselbe Verteidigungssituation, mit dem Unterschied, dass beim zweiten Mal die Distanz zum Gegner erheblich kürzer ist. In Kampfsituationen ist es immer von Vorteil, flexibel reagieren zu können. Das Verändern der Distanz erfordert das Üben von grundsätzlich anderen Techniken, mit dem Ergebnis, dass das technische Repertoire erweitert wird und in unerwarteten Situationen zur Verfügung steht.

Die gezeigte Anwendung der Technik Nr. 21 (Chûdan morote uke) soll den Karateka zum Nachdenken anregen. Durch eine geringfügige Änderung kann sie auch als Angriffstechnik eingesetzt werden und ermöglicht gleichzeitig die Kontrolle über einen Gegner.

Als klassische Anwendung der Verteidigung Nr. 23 gilt das beidhändige Ziehen des gegnerischen Kopfes in den Kniestoß. Um den Charakter von Heian yondan zu übernehmen, wurde die letzte Aktion (Nr. 25) ebenfalls durch einen Hiza geri ergänzt.

Heian godan

Auf einen Blick

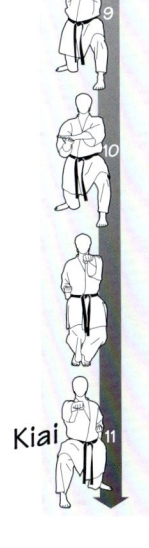

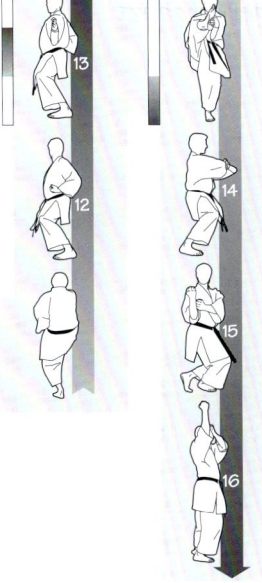

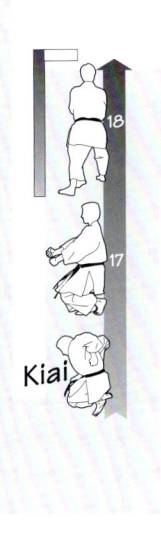

Kiai

Kiai

Heian godan

Enbusen

Frieden und Ruhe, 5. Stufe

Yôi
Hachi ji dachi

Uchi uke
Kôkutsu dachi

Angriff: Chûdan oi zuki.
Verteidigung: Abwehren, ...

Chûdan gyaku zuki
Kôkutsu dachi

... nach vorne gleiten und kontern. ...

Chûdan kagi zuki
Heisoku dachi

... Den Gegner fassen, heranziehen und mit einem Fauststoß zum Hinterkopf nochmals kontern.

Uchi uke
Kôkutsu dachi

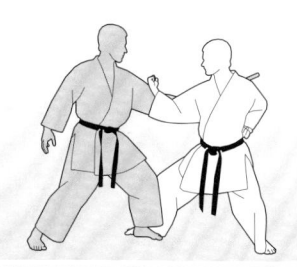

Angriff: Seitlicher Angriff mit einem kurzen Stock.
Verteidigung: Blocken, den angreifenden Arm fixieren und einen Hebel anwenden. ...

Chûdan gyaku zuki
Kôkutsu dachi

Heian godan

... Danach kontern, ...

Chûdan kagi zuki
Heisoku dachi

... mit beiden Händen den Gegner nach vorne ziehen, wobei sich dessen Arm hinter dem Körper des Verteidigers befindet. ...

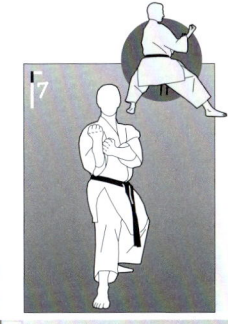

... Dadurch wird der Gegner zu Fall gebracht und abgekontert.

Chûdan morote uke
Kôkutsu dachi

Angriff: *Mae geri.*
Verteidigung: Abwehren und unmittelbar danach mit einem Gleitschritt zum Kinn angreifen (Morote ura zuki).

Gedan jûji uke
Zenkutsu dachi

Angriff: *Chûdan mae geri.*
Verteidigung: Den Fußtritt bereits im Ansatz abblocken ...

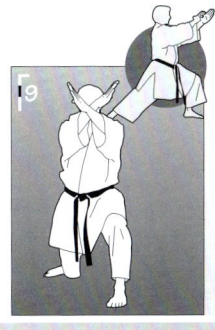

Jôdan jûji kaishu uke
Zenkutsu dachi

... und danach die Arme nach oben reißen, um den Jôdan-gyaku-zuki-Angriff des Gegners abzuwehren.

Tsukami yose
Zenkutsu dachi

... Den angreifenden Arm fassen, drehen und nach unten drücken. ...

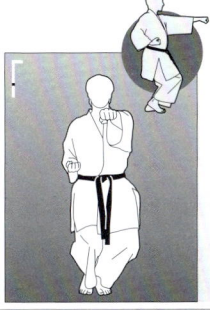

Chûdan tettsui uchi

... Im Vorwärtsgehen kontern, ...

Heian godan

Chûdan oi zuki
Zenkutsu dachi

... mit dem Vorderarm den Gegner in die richtige Distanz zwingen und mit einem Faststoß abschließen.

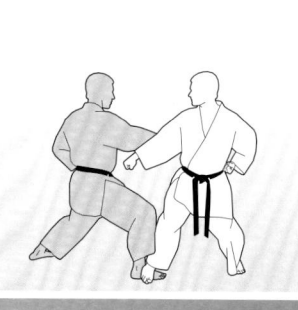

Angriff: Chûdan oi zuki von hinten.
Verteidigung: Schnelle Wendung. Gegen den Ellenbogen des Gegners schlagen (Gedan barai oi komi) ...

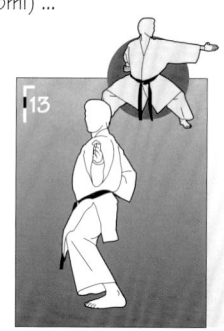

Gedan barai
Fumikomi –
Kiba dachi

... und mit Fumikomi zum Fuß angreifen. ...

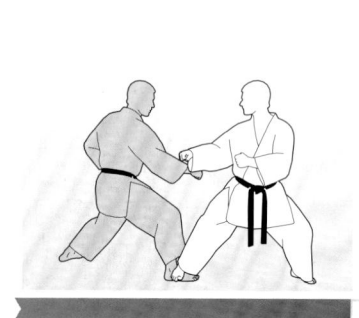

... Danach drückt man sich vom gegnerischen Fuß ab, um auf Distanz zu gehen.

Chûdan haishu uke
Kiba dachi

Angriff: Chûdan oi zuki.
Verteidigung: Seitlich abwehren ...

Chûdan
mikazuki geri

... und nach einem schnellen Fußwechsel den nachfolgenden Chûdan-gyaku-zuki-Angriff abblocken. ...

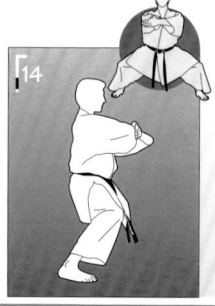

Chûdan
mae empi uchi
Kiba dachi

... Den Angriffsarm fassen und beim Absetzen mit einem Ellenbogenstoß kontern.

Heian godan

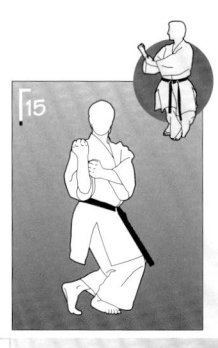

Chûdan morote uke Kôsa dachi	**Angriff:** Diagonaler Stockangriff. **Verteidigung:** Nah am Gegner abwehren ...
Morote age zuki Re no ji dachi	... und von unten nach oben zum Kinn angreifen.

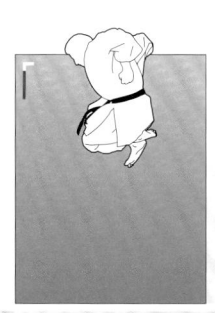

Angriff: Waagerechter Stockangriff zum Knie.
Verteidigung: Sobald der bisherige Angreifer kampfunfähig ist, die Aufmerksamkeit der nächsten Attacke zuwenden. Über den Stock nach vorne springen, ...

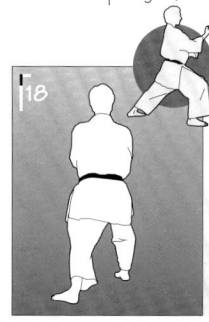

Gedan jûji uke Kôsa dachi	... um nahe beim Gegner landen und sofort kontern zu können. ...
Chûdan morote uke Zenkutsu dachi	... Das Körpergewicht nach vorne verlagern und sofort nochmals angreifen (Morote uke oi komi).

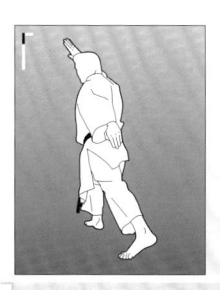

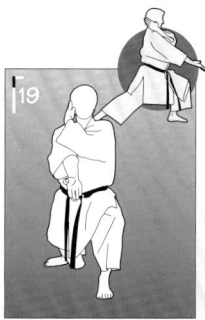

Angriff: Chûdan mae geri von hinten.

Jôdan kamae – Gedan shutô uke	**Verteidigung:** Beim Wenden abwehren und die Kontertechnik vorbereiten. ...
Gedan nukite – Te nagashi uke Zenkutsu dachi	... Der Gegner greift beim Absetzen mit Jôdan uraken uchi an. Den Angriff blocken und dazu Gedan kontern. ...

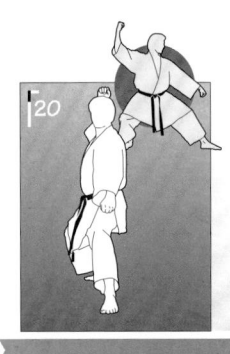

Manji uke
Kôkutsu dachi

... Den nachfolgenden Angriff (Jôdan gyaku mawashi zuki) mit Jôdan uchi uke parieren und gleichzeitig mit Chûdan tettsui uchi kontern.

Heisoku dachi

Angreifer: Kampfstellung.
Verteidiger: Deckung öffnen, um einen Angriff zu provozieren und dabei ausholen. ...

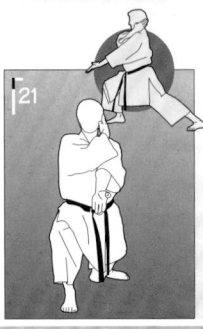

Gedan nukite –
Te nagashi uke
Zenkutsu dachi

Angriff: Jôdan oi zuki.
Verteidigung: Den Angriff seitlich vorbeileiten und gleichzeitig Gedan kontern. ...

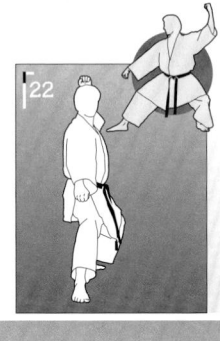

Manji uke
Kôkutsu dachi

... Den linken Arm zurückziehen, den Gegner am Handgelenk greifen ...

... und heranziehen. Rechts mit Chûdan mae te zuki kontern.

Yame
Hachi ji dachi

Die Anwendungen der Techniken Nr. 3 und 6 setzen eine gute Körperbeherrschung voraus, da man die gewohnt tiefe und stabile Stellung aufgibt, um die Handlung wesentlich höher fortzusetzen.

Für eine sinnvolle Übung ist es dabei erforderlich, dass der Partner den Verteidiger nicht unterstützt, indem er sich freiwillig mitreißen lässt. Nur ohne eine derartige Mithilfe kann der Verteidiger testen, ob er genug Stabilität entwickelt hat.

Bei Verteidigungen gegen Fußtritte, die meist sehr stark ausfallen, ist es ratsam, zusätzlich zur Abwehr dem Angriff auszuweichen. Bei der Anwendung Nr. 7 wird eine nicht oft geübte, aber sehr schnelle Kombination gezeigt. Die Kontertechnik erfolgt mit dem Arm, der auch abgewehrt hat.

Der Fumikomi der Anwendung Nr. 12 kann auch als Konter zum gegnerischen Oberschenkel ausgeführt werden.

Die Kontertechnik Nr. 17 erfordert eine flexible Reaktion. Je nachdem wie der Gegner den Stock beim Landen hält, muss schnell entschieden werden, ob Chûdan oder Gedan angegriffen wird.

Erstmals erscheint die Shôtôkan-Kata-typische Verteidigung Manji uke. Sie ermöglicht zahlreiche Interpretationen, welche in den kommenden Kata dargestellt werden. Hier werden zwei Möglichkeiten vorgeschlagen. Eine simultane (Nr. 20) und eine zeitversetzte Variante (Nr. 21 bis 22).

Die Vielfältigkeit der Heian godan macht sie, vor allem im Bereich Bunkai, zu einer sehr interessanten Kata. Eine intensive Auseinandersetzung sowie die Suche nach eigenen Lösungen stellen für jeden Karateka eine Herausforderung dar.

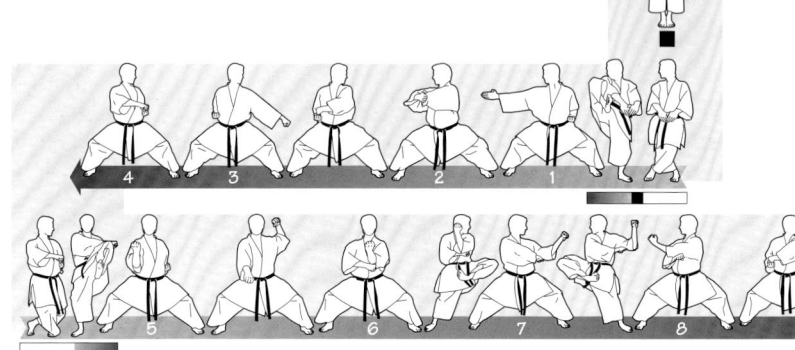

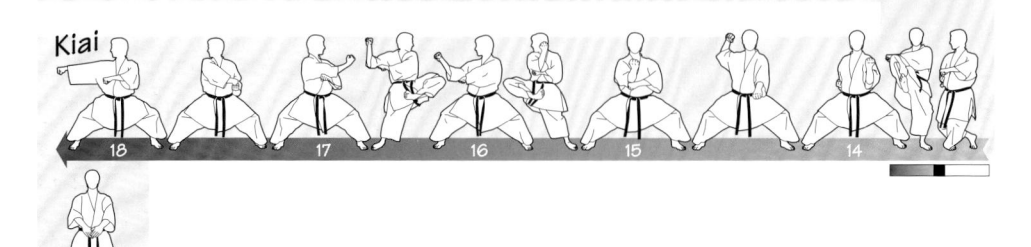

Tekki shodan

Auf einen Blick

Tekki shodan

Enbusen Eiserner Reiter, 1. Stufe

Yôi
Heisoku dachi

Angriff: Griff an der Jacke im Bereich des Oberarms.
Verteidigung: Den rechten Arm außerhalb vom Griff nach oben heben. Mit der linken Hand die rechte fassen und beide Arme nach unten drücken. Dadurch ergibt sich ein Hebel. ...

... Mit der rechten Hand den Gegner am Arm fixieren und mit Mae empi uchi kontern.

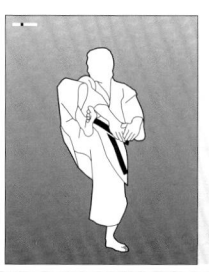

Angriff: Chûdan oi zuki.
Verteidigung: Zur Verteidigungstechnik ausholen, ...

Chûdan haishu uke
Fumikomi –
Kiba dachi

... abwehren und gleichzeitig mit einem Stampftritt angreifen. ...

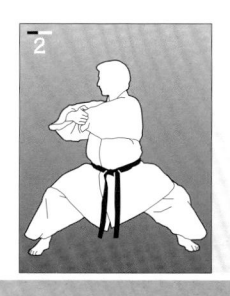

Chûdan
mae empi uchi
Kiba dachi

... Den Gegner am angreifenden Arm kontrollieren und mit einer Ellenbogen-Technik kontern. ...

Koshi kamae
Kiba dachi

... Anschließend, mit dem bereits vorhandenen Griff und mit der Unterstützung der linken Hand, den Gegner zur Seite werfen. Am Boden mit Fumikiri kontern.

Gedan barai
Kiba dachi

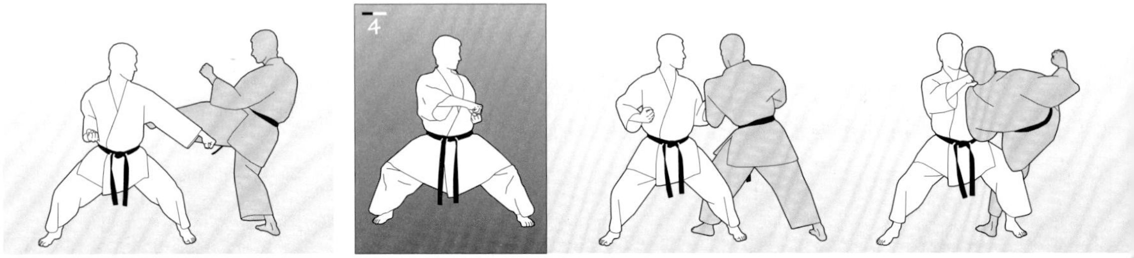

Angriff: Chûdan mae geri.
Verteidigung: Abwehren, ...

Chûdan kagi zuki
Kiba dachi

... den Gegner packen und ziehen, damit er auf die optimale Distanz zum Kontern gebracht wird. Mit einem Haken-Fauststoß beenden.

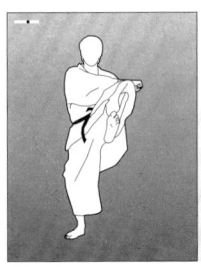

Angriff: Sanbon zuki.
Verteidigung: Mit einer kreisförmigen Beinbewegung von innen nach außen, den ersten Fauststoß mit der Fußaußenkante (Sokuto) zur Seite schieben. ...

Uchi uke
Fumikomi –
Kiba dachi

... Der Gegner gleitet mit dem zweiten Fauststoß nach vorne. Abblocken. ...

Jôdan haiwan
nagashi uke –
Gedan uke
Kiba dachi

... Den dritten Angriff nach oben leiten, mit Chûdan tettsui uchi kontern. ...

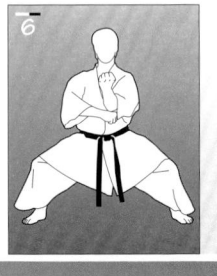

Chûdan ura zuki
Kiba dachi

... Den Schwung der Abwehr von unten nach oben zum Kontern nutzen.

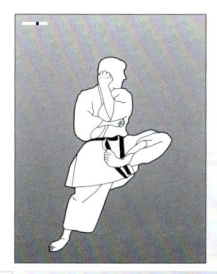

Nami ashi **Angriff:** *Ashi barai.*
Verteidigung: Ausweichen ... *Gaiwan uchi uke*
Kiba dachi ... und mit Tettsui uchi direkt kontern.

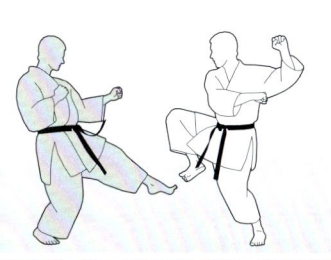

Nami ashi **Angriff:** *Mae geri an das Schienbein.*
Verteidigung: Ausweichen. ... *Soto uke*
Kiba dachi ... Beim Absetzen greift der Gegner mit Chûdan gyaku zuki an. Den Angriff seitlich leiten. ...

Koshi kamae
Kiba dachi ... Den Gegner packen, ziehen und mit Tate kagi zuki in die kurzen Rippen kontern. Chûdan tettsui uchi –
Chûdan kagi zuki
Kiba dachi

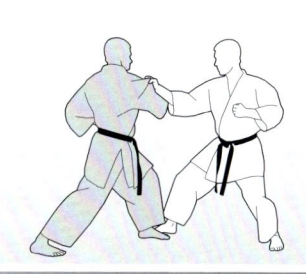

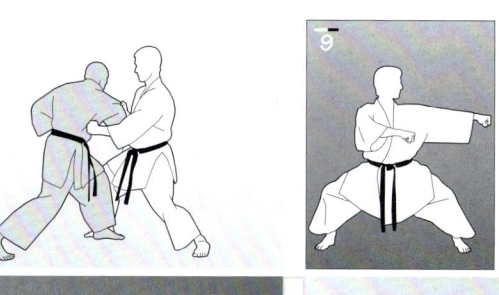

Angriff: *Jôdan shutô uchi.*
Verteidigung: Dem Angriff zuvorkommen und im Schulterbereich und am Körper direkt kontern. ... *Chûdan haishu uke*
Kiba dachi ... Während man zurückgeht, setzt der Angreifer trotzdem seine Aktion mit Chûdan gyaku zuki fort. Abwehren, ...

**Chûdan
mae empi uchi**
Kiba dachi

... im Schulterbereich halten und ziehen und mit einem Ellenbogenstoß abschließen.

Koshi kamae
Kiba dachi

Angriff: Chûdan mawashi geri von der Seite.
Verteidigung: Ausholen ...

Gedan barai
Kiba dachi

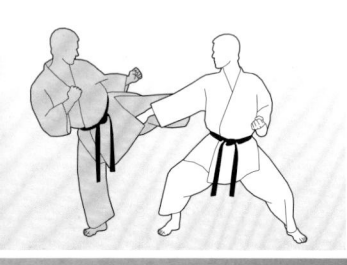

... und abwehren. ...

Chûdan kagi zuki
Kiba dachi

... Bevor der Gegner absetzt, durch einen schnellen Gleitschritt mit einer kurzen Technik kontern.

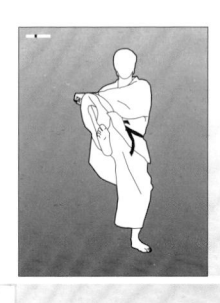

Angriff: Chûdan mae geri.
Verteidigung: Den Angriff mit dem Unterschenkel von innen nach außen lenken (Ashibô kake uke). ...

*Uchi uke
Fumikomi –*
Kiba dachi

... Mit einem Wechselschritt greift der Gegner mit Mawashi geri aus kurzer Distanz wieder an. Blocken. ...

*Jôdan haiwan
nagashi uke –
Gedan uke*
Kiba dachi

... Der Gegner setzt seine Kombination mit Chûdan gyaku zuki fort. Mit einer kurzen Unterarmbewegung abwehren, ...

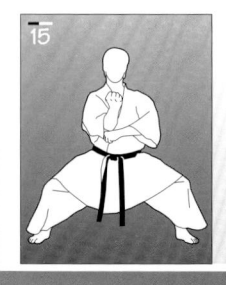

Chûdan ura zuki
Kiba dachi

... den Arm festhalten und mit dem bereits ausgeholten Fauststoß von unten nach oben Chûdan kontern.

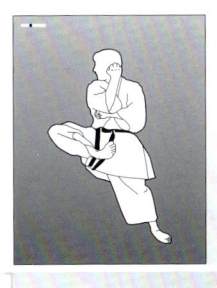

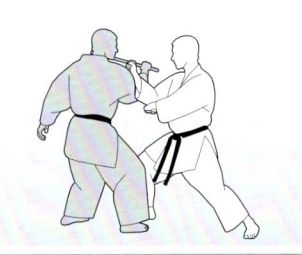

Tekki shodan

Nami ashi — **Angriff:** Stockangriff am Bein. **Verteidigung:** Ausweichen. ... — Gaiwan uchi uke Kiba dachi — ... Der Gegner nutzt den Schwung des Stockes, um Chûdan anzugreifen. Am Oberarm abblocken. ...

... Den angreifenden Arm nach unten drücken und mit Jôdan teisho uchi kontern. — Nami ashi — **Angriff:** Stockangriff am Bein. **Verteidigung:** Ausweichen. ... — Soto uke Kiba dachi

... Der Gegner greift von rechts nach links an. In der Nähe der Hände abwehren, mit der linken Hand den Stock greifen und mit Jôdan teishô uchi am Kinn kontern. — Koshi kamae Kiba dachi — **Angreifer:** Nähert sich von hinten. **Verteidiger:** Dem vorherigen Gegner den Stock aus den Händen reißen, ...

Angreifer: Stockangriff von oben. **Verteidigung:** Wenden ... — Chûdan tettsui uchi – Chûdan kagi zuki Kiba dachi — ... und, bevor der Gegner seinen Angriff realisieren kann, mit dem Stock in den Bauch stoßen. — **Yame** Heisoku dachi

In Tekki shodan begegnen wir einem Yôi, das sich von den bisherigen unterscheidet.
Hier ist das Annehmen von besonderen Yôi-Haltungen bereits eine Verteidigungstechnik. Die Handlungen aus natürlichen Stellungen (Shizentai), die wir bei Tekki shodan, anders als Heisoku dachi oder Hachiji dachi, ausführen, setzen ein hohes Maß an Körperbeherrschung, eine gewisse Sicherheit und Vertrauen in die eigenen Fähigkeiten voraus, da die Handlungen ohne Deckung oder meistens ohne Kampfbereitschaft erfolgen.
Dieses Konzept führt auf die Ursprünge des Karate zurück, des klassischen Karate, wobei die Beherrschung in einem Kampf, in allen möglichen Situationen Bestandteil des Studiums der Disziplin ist.
Teil davon ist das Tuite, wo das Greifen und die Griffe auf die Vitalpunkte dazugehören. Dadurch war es möglich, den Gegner zu kontrollieren und den Kampf ohne Schlagtechniken zu beenden. Gerade in der ursprünglichen Form der Tekki-Kata, Naihanchi, sind Elemente aus dem Tuite deutlich zu erkennen.
Die meisten Angriffe in die drei Tekki-Kata erfolgen seitlich. Diese Besonderheit hat unter anderem das Ziel, den Karateka auf diese Art auf Kampfsituationen zu schulen: Es ergeben sich ungewöhnliche Positionen zum Gegner. Dadurch lernt man die Anwendung von außergewöhnlichen Verteidigungen. Die Angriffe, die von vorne kommen, werden aus Stellungen gekontert, die keinen Schutz vor dem Gegner bieten. Auch diese Tatsache lehrt besondere Handlungsweisen.
Die ersten zwei Koshi-kamae-Haltungen nach den Techniken Nr. 2 und Nr. 8 sind hier als Fortsetzungen der jeweiligen Kampfhandlungen gezeigt.
Selbstverständlich können sie auch nur als Vorbereitungen der kommenden Situationen interpretiert werden.
Die Technik Nr. 7 kann auch eine Abwehrtechnik sein, gegen die der Gegner einen zusätzlichen Angriff nach

dem Fegen einsetzen kann. Sie muss dann mit einer weiteren Technik gekontert werden, bevor man sich zum nächsten Gegner wendet.

Der Tettsui uchi der Anwendung Nr. 9 ist auch eine Abwehrtechnik, die von einer gleichzeitigen Kontertechnik begleitet wird.

Durch die gespiegelten Techniken der zweiten Hälfte von Tekki shodan ergibt sich automatisch, die Anwendungen rechts und links zu üben.

Der didaktische Vorteil ist, dass man mit Bewegungen und Techniken konfrontiert wird, die nicht häufig trainiert werden. Dadurch erkennt man eventuelle Schwächen, die korrigiert werden können.

Bassai dai

Auf einen Blick

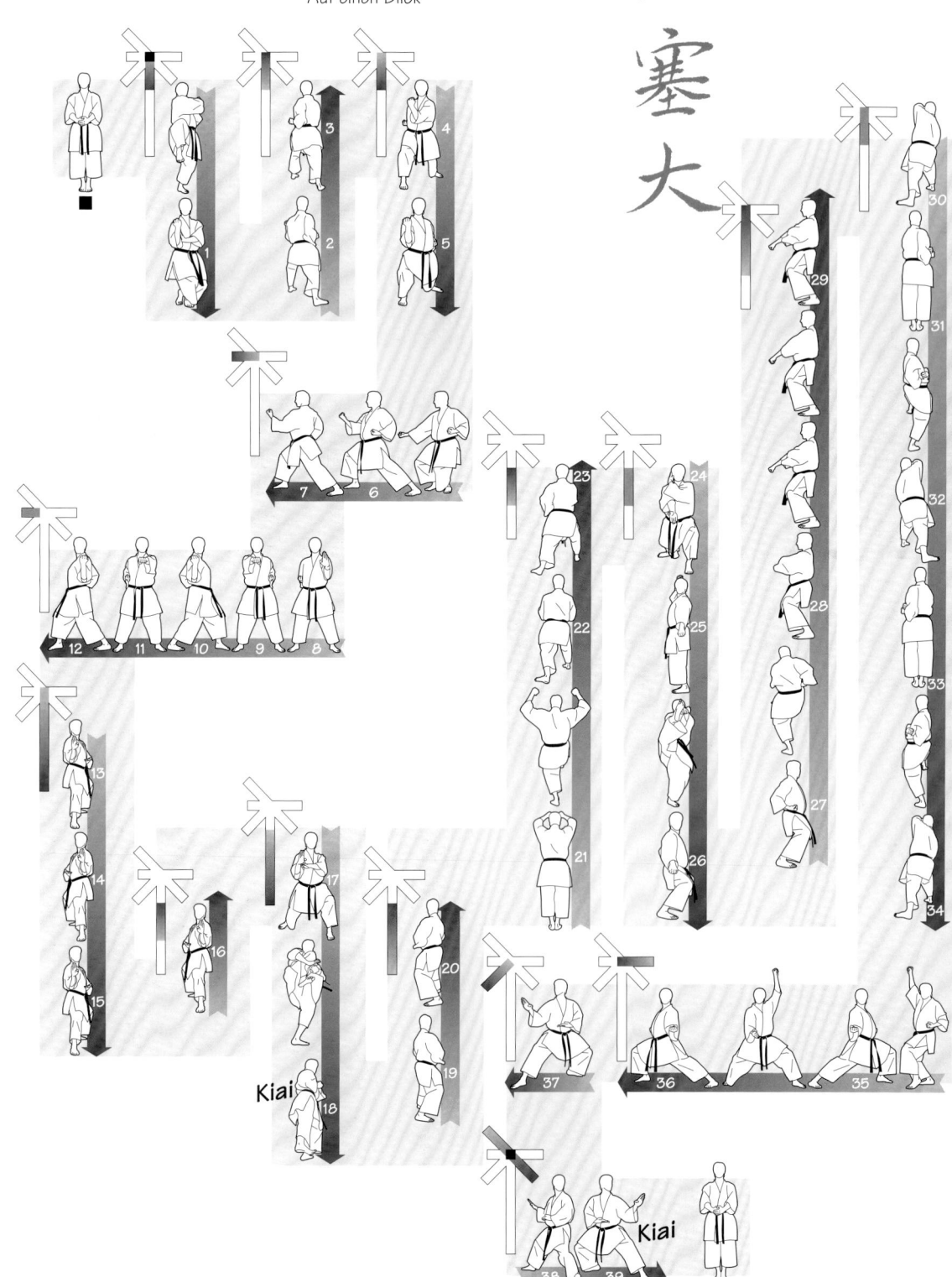

Bassai dai

Enbusen

Die Mauer zerstören – groß

Yôi
Heisoku dachi

Angriff: Haltegriff am Gi.
Verteidigung: Unterstützt von der linken Hand, biegt der Daumen der rechten Hand den des Gegners nach hinten. Danach beide Arme nach unten strecken, ...

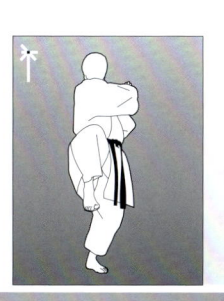

... den angreifenden Arm zur Seite schieben und gleichzeitig mit Hiza geri angreifen. ...

Oi komi morote uke
Kôsa dachi

... Nach vorne gleiten und zum Hals kontern.

Uchi uke
Zenkutsu dachi

Angriff: Chûdan oi zuki.
Verteidigung: Den Angriff abwehren. ...

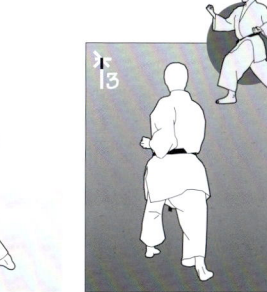

Uchi uke
gyaku hanmi
Zenkutsu dachi

... Der linke Arm bleibt stehen, während der rechte hinter den Oberarm des Gegners geführt ...

Bassai dai

... und herangezogen wird. Die Aktion mit Chûdan hiza geri abschließen.

Soto uke
gyaku hanmi
Zenkutsu dachi

Angriff: Chûdan oi zuki.
Verteidigung: Den Fauststoß blocken, ...

Uchi uke
Zenkutsu dachi

... den sofort darauf folgenden Gyaku-zuki-Angriff ebenfalls abwehren und mit der Kombination Kizami zuki-Gyaku zuki kontern.

Gedan kake uke

Angriff: Chûdan mae geri.
Verteidigung: Den Fußtritt vorbeiführen ...

Soto uke
Zenkutsu dachi

... und den folgenden Chûdan-oi-zuki-Angriff abblocken. ...

Uchi uke
gyaku hanmi
Zenkutsu dachi

... Mit der linken Hand den angreifenden Arm fassen und nach vorne ziehen, um einen erneuten Angriff zu verhindern. Danach den Gegner mit beiden Händen in die andere Richtung reißen. Das Vorderbein blockiert dabei das Bein des Gegners, so dass dieser zu Boden geworfen wird. Zum Schluss mit Zuki kontern, während die linke Hand den Gegner am Arm fixiert.

Bassai dai

8 Chûdan tate shutô uke Hachi ji dachi

Angriff: Chûdan zuki.
Verteidigung: Den Angriff vereiteln ...

9 Chûdan choku zuki Hachi ji dachi

... und erwidern. Der Gegner blockt ebenfalls, ...

10 Uchi uke

... um sofort wieder anzugreifen. Auch dieser Fauststoß wird abgewehrt, ...

11 Chûdan choku zuki Hachi ji dachi

... der angreifende Arm herangezogen und gekontert. ...

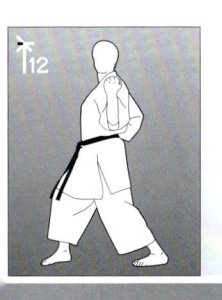

12 Uchi uke

... Danach erfolgt zusätzlich noch ein Angriff gegen den Ellenbogen.

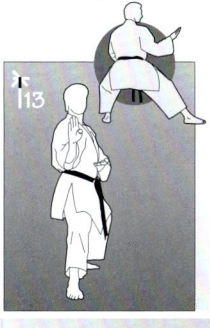

13 Shutô uke Kôkutsu dachi

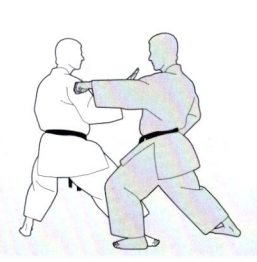

Angriff: Chûdan zuki.
Verteidigung: Den Fauststoß abblocken, ...

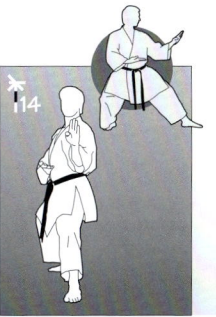

14 Shutô uke Kôkutsu dachi

... am angreifenden Arm ziehen und mit einem Wechselschritt nach vorne kontern.

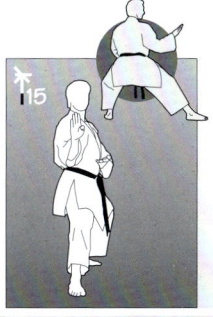

15 Shutô uke Kôkutsu dachi

Angriff: Chûdan zuki.
Verteidigung: Abwehren, ...

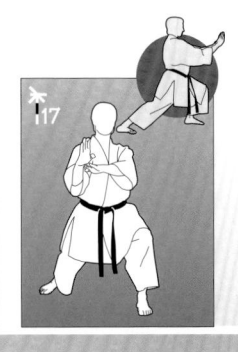

Bassai dai

Shutô uke Kôkutsu dachi	... dem folgenden Angriff durch einen Schritt nach hinten ausweichen und gleichzeitig blocken. ...
Tsukami yose Zenkutsu dachi	... Während die linke Hand stehen bleibt, die rechte unter den angreifenden Arm schieben ...

... und den Unterarm des Gegners mit beiden Händen fassen. Durch eine kräftige Drehbewegung im Uhrzeigersinn wird der Gegner gezwungen, sich nach vorne zu beugen. ...

Fumikomi

... Unmittelbar danach wird die Kontertechnik vorbereitet ...

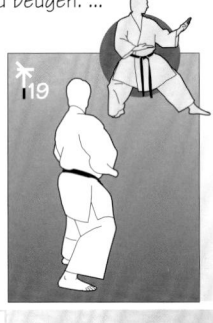

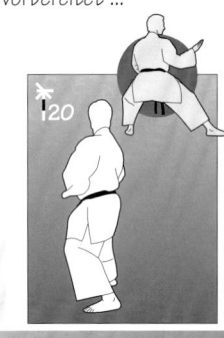

... und die Aktion mit einem Gedan-Angriff beendet.

Shutô uke Kôkutsu dachi

Angriff: Chûdan zuki.
Verteidigung: Den Fauststoß blocken, ...

Shutô uke Kôkutsu dachi

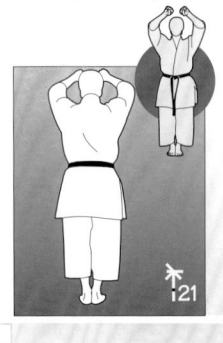

... am angreifenden Arm ziehen und mit einem Wechselschritt nach vorne kontern.

Morote age uke Heisoku dachi

Angriff: Griff zum Hals, mit beiden Händen.
Verteidigung: Arme nach oben reißen, den Griff brechen ...

Hiza geri

Bassai dai

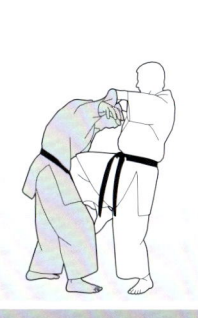

... und die Arme des Gegners nach außen drücken. Gleichzeitig mit einem hûdan-Kniestoß angreifen ...

Chûdan morote tettsui uchi
Zenkutsu dachi

... und beim Absetzen mit einem Doppelfauststoß nachsetzen. ...

Chûdan oi zuki
Zenkutsu dachi

. Den Gegner in der richtigen Distanz halten und die Konteraktion mit einem Faustsoß abschließen.

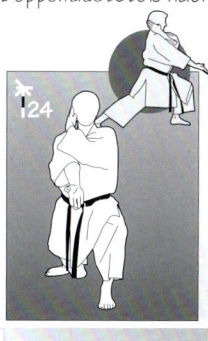

Gedan nukite – Te nagashi uke
Zenkutsu dachi

Angriff: *Jôdan oi zuki.*
Verteidigung: Die Technik abwehren und gleichzeitig zum Unterleib kontern.

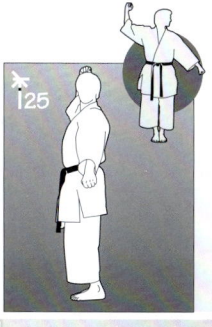

Manji uke
Heisoku dachi

Angriff: *Chûdan mae geri.*
Verteidigung: Nach hinten ausweichen und abwehren. ...

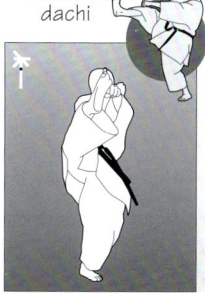

Chûdan mikazuki geri

... Mit einem Fußtritt kontern und gleichzeitig einen Armangriff vorbereiten, ...

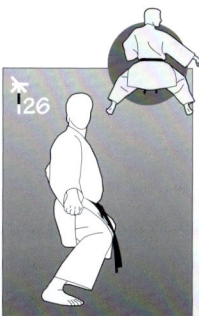

Gedan barai
Kiba dachi

... der beim Absetzen die Sequenz mit einem Schlag in den Unterleib (*Gedan tettsui uchi*) beendet.

Chûdan haishu uke
Kiba dachi

Angriff: *Chûdan oi zuki.*
Verteidigung: Abwehren, ...

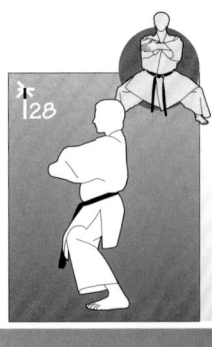

Bassai dai

Chûdan mikazuki geri	... den Gegner am Arm festhalten und mit einem Fußtritt kontern. ...
Chûdan mae empi uchi Kiba dachi	... Mit der linken Hand den Gegner in den nachfolgenden Empi uchi hineinziehen.

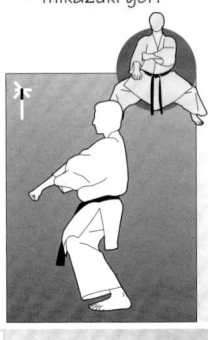

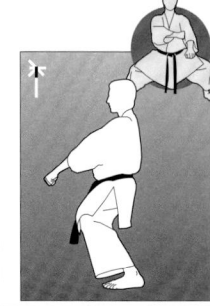

Gedan barai
Kiba dachi

Angriff: Griff zum Gi und Angriff mit Chûdan hiza geri.
Verteidigung: Abblocken und gleichzeitig Gedan kontern. Da der Abstand zum Gegner sehr kurz ist, unterstützt die linke Faust die Abwehrtechnik.

Gedan barai
Kiba dachi

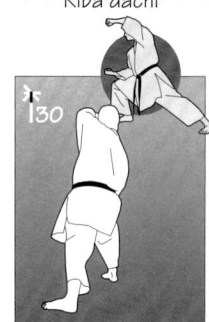

Angriff: Chûdan zuki.
Verteidigung: Die rechte Faust verstärkt die Abwehrtechnik, ...

Gedan barai
Kiba dachi

... um gleich danach zu kontern, während die linke Hand den Gegner am Handgelenk packt und nach vorne zieht.

Yama zuki
Zenkutsu dachi

Angriff: Jôdan oi zuki.
Verteidigung: Der linke Arm wehrt den Zuki nach oben ab und geht direkt zum Jôdan-Angriff über. Gleichzeitig wird ein Chûdan ura zuki mit dem rechten Arm ausgeführt.

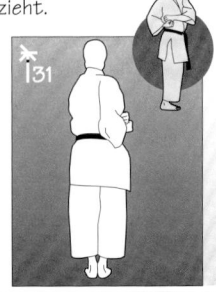

Koshi kamae
Heisoku dachi

Angreifer: Angriffsvorbereitung.
Verteidiger: Konzentration auf die kommende Aktion. ...

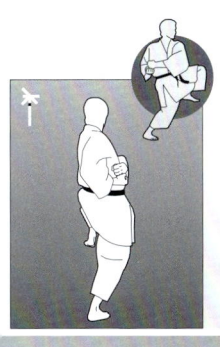

Bassai dai

Hiza geri	**Angriff:** *Chûdan mae geri.* **Verteidigung:** Mit dem Unterschenkel waagerecht (Ashibô kake uke) abwehren, ...	Yama zuki Zenkutsu dachi	... nach vorne absetzen und mit einer Doppeltechnik kontern.
Koshi kamae Heisoku dachi	**Angriff:** *Chûdan oi zuki.* **Verteidigung:** Abwehr mit Nagashi soto uke. ...	Hiza geri	... Die Hände werden zur Hüfte gerissen und das Knie wird zur Vorbereitung der Kontertechnik angezogen. ...
... Mit Fumikiri angreifen ...	Yama zuki Zenkutsu dachi	... und beim Absetzen mit einem Doppelfauststoß nochmals kontern.	Zenkutsu dachi
Angriff: *Chûdan mae geri.* **Verteidigung:** Blocken ...		Gedan sukui uke Zenkutsu dachi	... und mit einer Schaufel-Abwehrtechnik den Gegner aus der Angriffslinie schleudern. ...

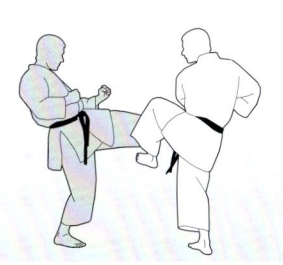

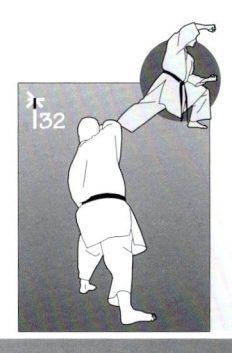

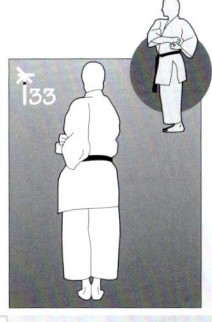

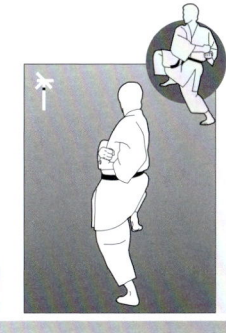

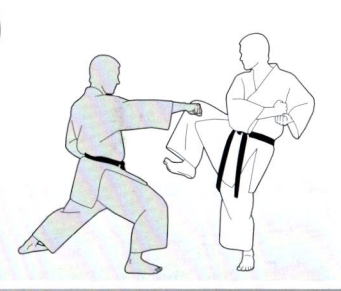

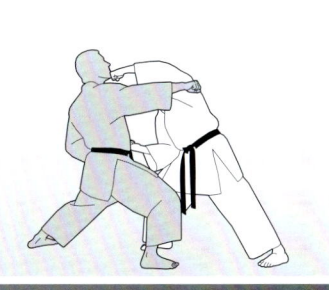

... Der Angreifer nutzt den Schwung aus und setzt aus der Drehung mit einem Ushiro geri nach, welcher unter Zuhilfenahme einer kräftigen Hüftdrehung abgewehrt wird. ...

Gedan sukui uke
Zenkutsu dachi

... Der Gegner beendet seine Angriffsserie mit einem Gyaku zuki, ...

... welcher jedoch abgewehrt und nach unten weitergeleitet wird. Den Angriffsarm festhalten und mit Körpereinsatz kontern.

Shutô uke
Kôkutsu dachi

Angriff: Chûdan oi zuki.
Verteidigung: Abwehren, ...

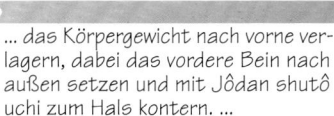

... das Körpergewicht nach vorne verlagern, dabei das vordere Bein nach außen setzen und mit Jôdan shutô uchi zum Hals kontern. ...

Chûdan kamae
Kôkutsu dachi

... Der gestreckte Arm reißt den Gegner zu Boden. Mit Fumikiri abschließen.

Shutô uke
Kôkutsu dachi

Angriff: Mawashi geri.
Verteidigung: Mit einer schnellen Vorwärtsbewegung dem Angriff zuvorkommen und ohne Abwehr direkt mit der Handkante zum Hals angreifen.

Yame
Heisoku dachi

Bassai dai bietet uns eine große Anzahl von Anwendungsmöglichkeiten. Schon die Verteidigung im Yôi ist nur eine von vielen verschiedenen Interpretationen.
Hier wird bereits die Handhaltung bewusst als Verteidigung ausgelegt. Wenn man das Yôi jedoch nur als Konzentration auf die kommende Aktion sehen möchte, übernimmt die erste Technik (Oi komi morote uke) eine wichtige Aufgabe: den Charakter der Kata darzustellen (die Mauer zerstören).
Die Geradlinigkeit, welche unter anderem die Kata Bassai dai prägt, zeigt sich besonders in den häufig vorkommenden Handlungen aus kurzer Distanz.
Bei der Anwendung Nr. 3 ist es selbstverständlich auch möglich, anstatt den rechten Arm des Gegners heranzuziehen, eine Technik mit Kime-Punkt auszuführen und danach – wie gehabt – nochmals zu kontern.
Die Verteidigung gegen den Mae geri (Technik zwischen Nr. 5 und 6) kann auch ein Aushebeln des Gegners sein, mit darauf folgendem Abschluss am Boden.
Wird der Uchi uke gyaku hanmi (Nr. 7) als Abwehr gegen einen weiteren Angriff ausgelegt, kann die Aktion auch mit einem direkten Konter beendet werden.
Die Interpretation der Technik Nr. 18 (Fumikomi) endet bewusst mit einem Beinangriff. Dies verdeutlicht, dass in der Regel die Auswirkung von Techniken an Angriffspunkten, die im modernen Karate nicht attackiert werden, unterschätzt wird.
Die drei Gedan barai (nach Nr. 28 bis einschießlich Nr. 29) werden hier als Verteidigungen gegen zwei Angriffe gedeutet. Es kann sich jedoch auch um eine Aktion gegen einen Angreifer handeln. Dabei könnte dann die erste Technik eine Abwehr (z. B. gegen einen Mae geri) und die folgenden zwei Gedan barai können Kontertechniken sein (Chûdan tettsui uchi).
Typisch für Bassai dai ist die hier dargestellte Anwendung der letzten Technik: Man wehrt den Angriff nicht

ab, sondern überrennt den Gegner und kontert direkt, mit der Absicht, ihm jegliche Handlungsmöglichkeit zu nehmen.

Diverse Bahnen der Kata enden mit einer Verteidigungstechnik. Die Lehre ist klar: Eine Abwehr kann gleichzeitig auch ein Angriff sein oder zumindest eine Technik, die den Gegner in eine nachteilige Situation bringt. Hier dargestellte Kontertechniken, welche in der Kata selbst nicht vorgesehen sind, wurden mit Absicht gewählt, um den Charakter von Bassai dai deutlich widerzuspiegeln.

Empi

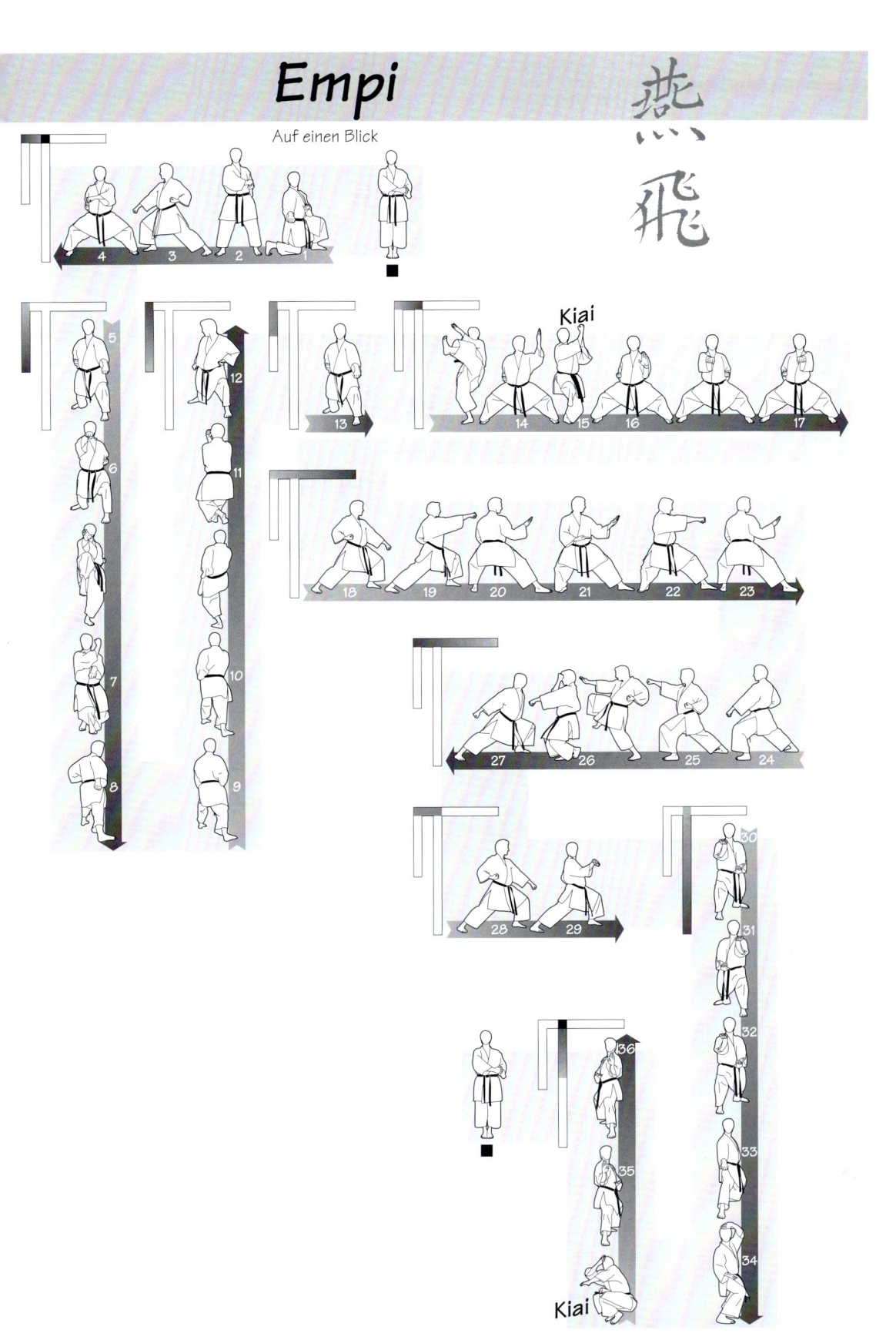

Auf einen Blick

Kiai

Kiai

Empi

Enbusen Flug der Schwalbe

Yôi Heisoku dachi	**Angriff:** Griff am linken Handgelenk. **Verteidigung:** Mit einer Drehung des Handgelenkes in Uhrzeigersinn den Griff lockern und den Gegner an seinem Handgelenk festhalten. Den gegnerischen Handrücken mit Nakadaka ippon ken attackieren, ...
Gedan barai – Chûdan kamae Kata hiza dachi	... knien und mit Gedan Tettsui uchi kontern. Die linke Hand hält weiter die gegnerische Hand. ...
Koshi kamae Hachi ji dachi	... Beim Aufrichten mit Tate kagi zuki noch mal kontern, während der Gegner nach vorne gezogen wird.
Gedan barai Zenkutsu dachi	**Angriff:** Chûdan mae geri. **Verteidigung:** Abwehren, ...
Chûdan kagi zuki Kiba dachi	... hineingleiten und aus kurzen Distanz kontern.

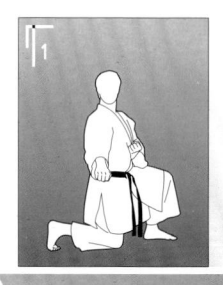

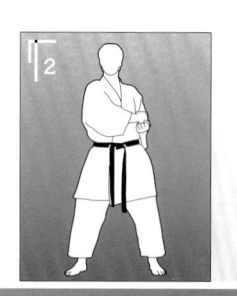

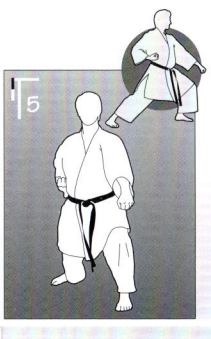

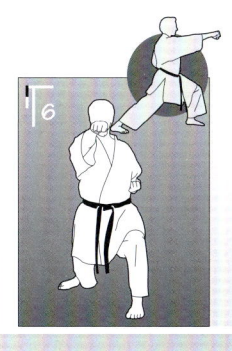

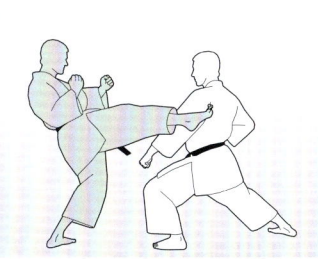

Empi

5			6	
Gedan barai Zenkutsu dachi	**Angriff:** Chûdan mae geri. **Verteidigung:** Blocken. ...		Jôdan age zuki Zenkutsu dachi	... Auf das Kinn kreisförmig von unten nach oben kontern, ...

| Tsukami yose
Hiza geri –
Suri ashi | ... mit einer Handdrehung hinten den Nacken greifen, ziehen und mit Hiza geri kontern. ... | | | Gedan zuki –
Jôdan nagashi uke
Kôsa dachi |

| ... Nach vorne gleiten und noch mal Chûdan kontern. ... | Gedan barai
Zenkutsu dachi | ... Den rechten Fuß zum Gegner setzen und ihn wegdrücken. | Gedan barai
Zenkutsu dachi |

| **Angriff:** Chûdan mawashi geri.
Verteidigung: Abwehren. ... | Jôdan age zuki
Zenkutsu dachi | ... Beim Absetzen greift der Gegner mit Jôdan oi zuki an. Den Angriff nach oben leiten ... | Tsukami yose
Hiza geri –
Suri ashi |

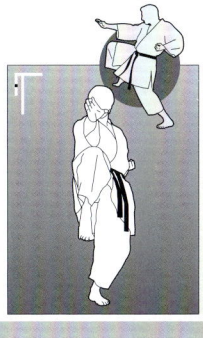

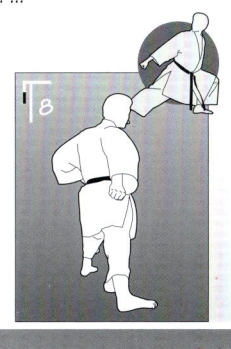

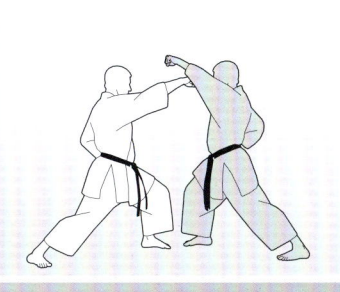

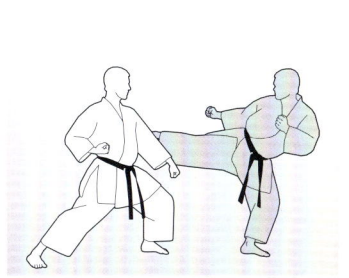

Empi

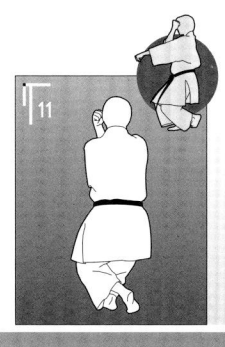

... und den Arm greifen. Dazu mit Hiza geri kontern. ...

Gedan zuki – Jôdan nagashi uke Kôsa dachi

... Beim Absetzen den gegnerischen Arm heranziehen und zusätzlich mit einem Fauststoß kontern. ...

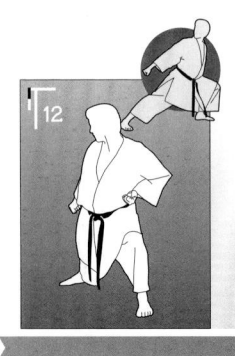

Gedan barai Zenkutsu dachi

... Das rechte Bein zum Gegner strecken und den festgehaltenen Arm nach unten, das Gleichgewicht brechend, reißen.

Gedan barai Zenkutsu dachi

Angriff: Chûdan mae geri.
Verteidigung: Abwehren ...

... und der Kombination Ashi barai-Jôdan gyaku zuki ausweichen ...

Jôdan naiwan uke Kiba dachi

... bzw. seitlich leiten und mit einer Schocktechnik kontern (Ura mikazuki geri). ...

Jôdan empi uchi Tsuru ashi dachi

... Die angreifende Hand kontrollieren und mit einem Ellenbogenstoß kontern. ...

Empi

16 Chûdan tate shutô uke
Kiba dachi

... Den Arm zur Seite schieben ...

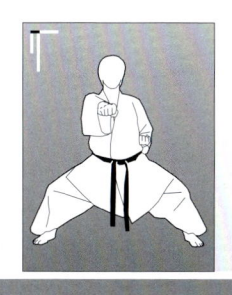

Chûdan choku zuki
Kiba dachi

... und mit einer Doppeltechnik ...

17 Chûdan choku zuki
Kiba dachi

... die Konteraktion beenden.

18 Gedan barai
Zenkutsu dachi

Angriff: Stich-Stockangriff.
Verteidigung: In der Nähe der gegnerischen Hand abblocken. ...

19 Jôdan age zuki
Zenkutsu dachi

... Der Gegner setzt seinen Angriff mit einer Kreisbewegung schräg von oben nach unten fort. Mit Tate shutô uke beim Ausholen abblocken. ...

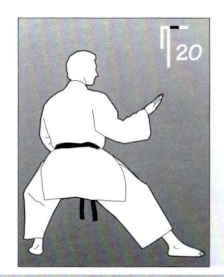

20 Shutô uke
Kôkutsu dachi

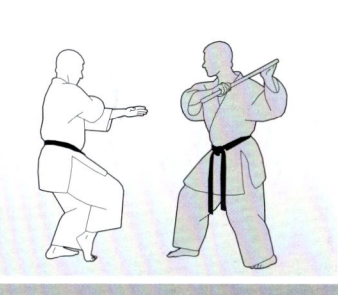

... Einen verstärkten Angriff, schräg von oben kommend, mit der Handkante im Wechselschritt stoppen. ...

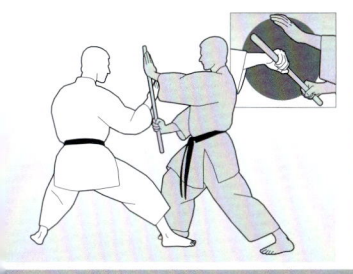

... Den Stock greifen und, um den Griff des Gegners zu lockern, drehen. ...

21 Shutô uke
Kôkutsu dachi

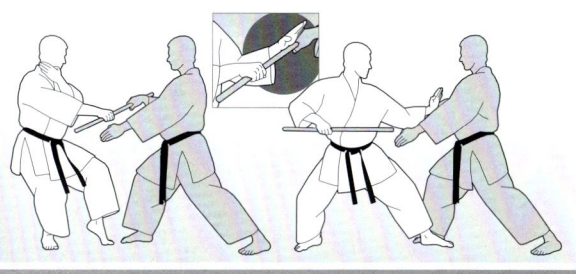

... Dabei im Wechselschritt den Stock ziehen und mit einem Angriff auf die gegnerische Hand dem Gegner den Stock entziehen. ...

Empi

22 Chûdan gyaku zuki
Kôkutsu dachi

... Mit der Stockspitze Chûdan kontern ...

23 Shutô uke
Kôkutsu dachi

... und mit einem weiteren Stockangriff abschließen.

24 Gedan barai
Zenkutsu dachi

Angriff: Chûdan-Stock-Stoßtechnik.
Verteidigung: Seitlich leiten. ...

25 Jôdan age zuki
Zenkutsu dachi

... Den Gegner am Vorderarm halten und nach unten drücken. Dazu am Kinn von unten nach oben kontern. ...

Tsukami yose
Hiza geri –
Suri ashi

... Mit der rechten Hand den Gegner zusätzlich halten und mit einer Kombination Knie-...

26 Gedan zuki –
Jôdan nagashi uke
Kôsa dachi

...Fauststoß nachsetzen. ...

27 Gedan barai
Zenkutsu dachi

... Mit einem Angriff auf den Vorderarm und einer Körperdrehung den Gegner entwaffnen.

28 Gedan barai
Zenkutsu dachi

Empi

Angriff: *Chûdan oi zuki.*
Verteidigung: Blocken ...

Chûdan teishô uke
Zenkutsu dachi

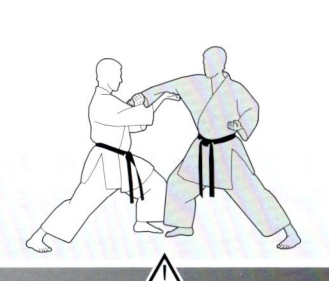

... und halten. Den angreifenden Arm drehen und gegen den Ellenbogen von unten nach oben kontern.

Chûdan teishô uke –
Gedan teishô uke
Zenkutsu dachi

Angriff: *Chûdan morote zuki.*
Verteidigung: Nach oben bzw. nach unten abwehren und, im Vorwärtsgehen, ...

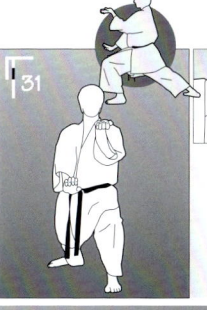

Gedan teishô uke –
Chûdan teishô uke –
Zenkutsu dachi

... den linken Arm des Gegners am Handgelenk greifen und drehen, nach unten drücken und am Ellenbogen kontern.

Chûdan teishô uke –
Gedan teishô uke
Zenkutsu dachi

Angriff: *Chûdan oi zuki.*
Verteidigung: Nach unten abwehren und gleichzeitig am Kinn kontern. ...

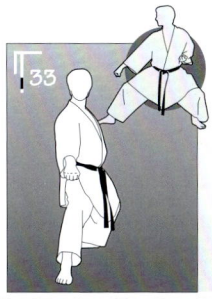

Gedan barai
Kôkutsu dachi

... Den angreifenden Arm halten, das vordere Bein umsetzen und in die kurzen Rippen noch mal kontern. ...

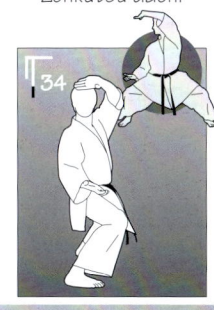

Tsukami yose
Kiba dachi

... Den Gegner mit beiden Händen packen und über das eigene vordere Bein werfen. ...

... Der Gegner dreht sich auf dem Boden so, dass er eine Fegetechnik anwenden kann. Darüber hinwegspringen ...

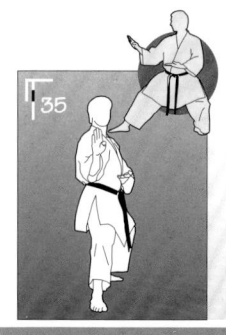

Shutô uke | ... und beim Aufkommen in Kampfbe- | *Shutô uke* | **Angriff:** *Chûdan oi zuki.*
Kôkutsu dachi | reitschaft sich dem Gegner stellen. ... | *Kôkutsu dachi* | **Verteidigung:** *Abwehren* ...

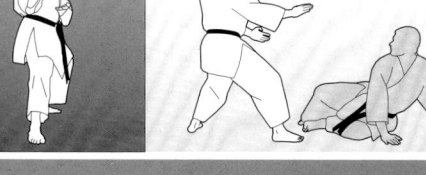

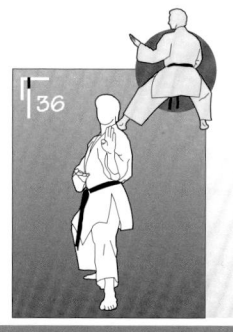

... und mit Age zuki zum Kinn kontern.  | **Yame** *Heisoku dachi*

Auch bei Empi besteht wieder die Möglichkeit, (wie hier auch gezeigt) das Yôi als Verteidigung zu interpretieren.

In diesem Fall wird der Handrücken angegriffen; ein Vitalpunkt, der im modernen Karate selten in Betracht gezogen wird. Die gebräuchlichste Anwendung der ersten Technik unterstellt einen Mae-geri-Angriff, der abgewehrt und danach gekontert wird.

Der allgemeine Charakter von Empi – wie der Name schon sagt, wird Empi mit „Flug der Schwalbe" übersetzt – spiegelt sich in den schnellen Handlungen wider, welche zu knappen und dynamischen Verteidigungslösungen führen.

Der Karateka lernt durch diese Kata eine Art von Entschlossenheit, die von Leichtigkeit geprägt ist. Typisch dafür sind die Gedan-barai-Anwendungen nach hinten die jeweiligen Sequenzen ohne Angriffe auf Vitalpunkte abschließen.

Selbstverständlich können die genannten Aktionen mit zusätzlichen Techniken fortgesetzt werden. Einige Beispiele: die Kniebewegung bei der Technik Nr. 15 kann einfach eine Schutzfunktion für den Genitalbereich haben oder gleichzeitig ein Gedan-Angriff zu der Armtechnik im Jôdan-Bereich sein.

Die Anwendung der Verteidigung Nr. 31 (Kontertechnik am Ellenbogen) kann auch als Armhebel interpretiert werden, ist demnach keine Schlagtechnik.

Auch der Sprung zum Schluß kann unterschiedlich interpretiert werden. Eine klassische Möglichkeit wäre, nach dem Greifen des Gegners ihn über die Schulter zu nehmen und zu werfen.

Währenddessen kommt dann der nächste Gegner.

Man springt, um ihm auszuweichen, über den noch liegenden vorherigen Gegner, so dass man etwas Zeit und Abstand zu dem neuen Angriff gewinnt.

Immer wieder in Empi wird eine Befreiung aus einem Griff zum Handgelenk interpretiert, allein dreimal bei den Gedan barai nach hinten (Nr. 8, 12 und 27), ergänzt mit einem Tettsui uchi auf die greifende Hand.

Den doppelten Teishô uke (Bahn von Nr. 30 bis 32) zuerst als Befreiung der Hand und mit der Fortsetzung der Bewegung, als Gedan-Angriff mit Teishô uchi.

Jion

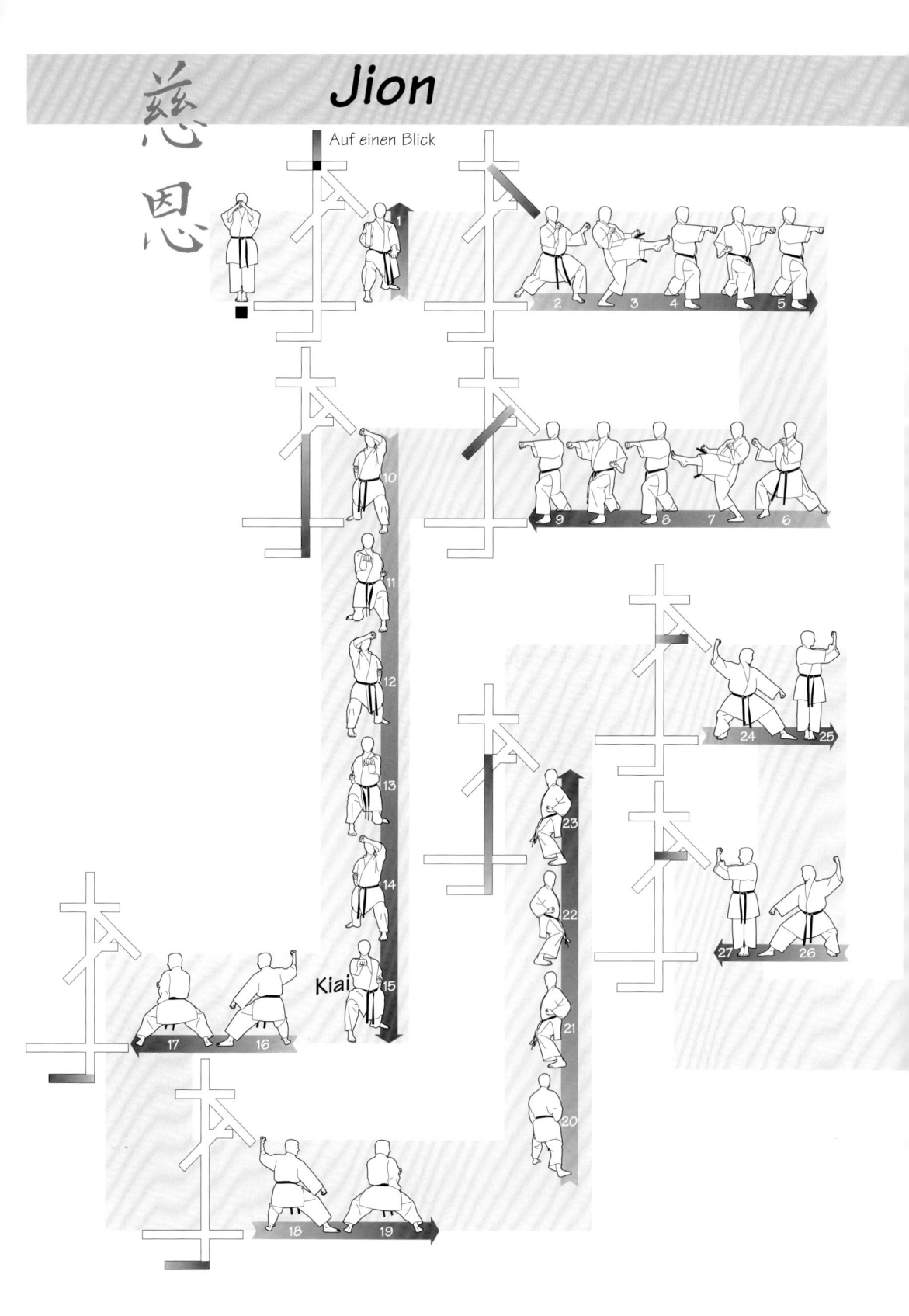

Auf einen Blick

81

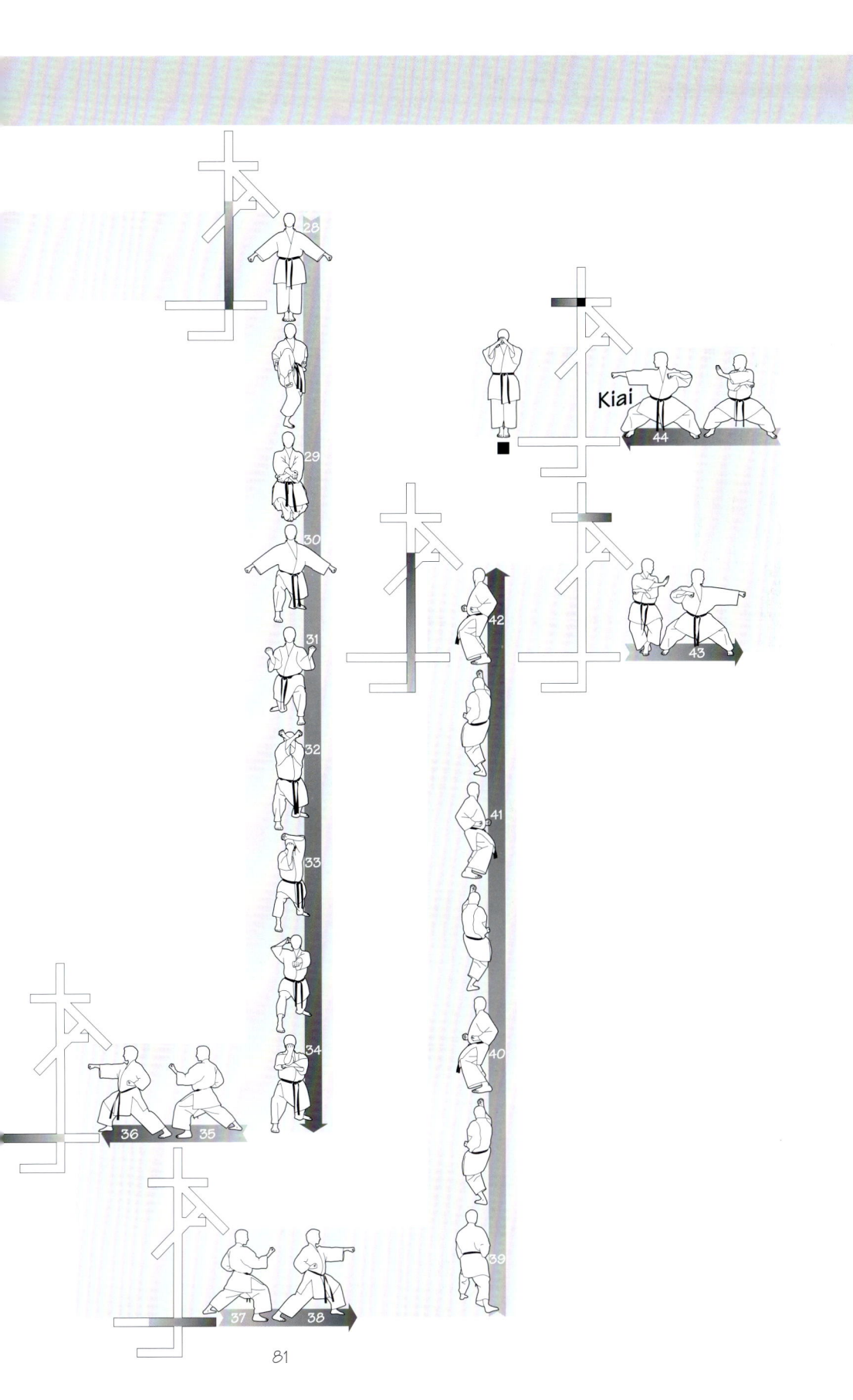

Jion

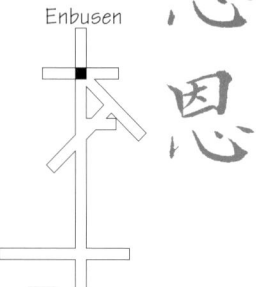

Enbusen — Liebe und Güte

Yôi
Heisoku dachi

Angriff: Jôdan mawashi zuki.
Verteidigung: Mit Age shutô uke nach oben abwehren, die Armbewegung nach vorne fortsetzen und den Gegner am Nacken greifen und ziehen. Mit Tate ura zuki am Kinn kontern. ...

Uchi uke –
Gedan barai
Zenkutsu dachi

... Die angreifende Hand nach unten ziehen und mit Jôdan uraken uchi abschließen.

Kakiwake uke
Zenkutsu dachi

Angriff: Haltegriff am Gi.
Verteidigung: Mit einem Schritt nach hinten ...

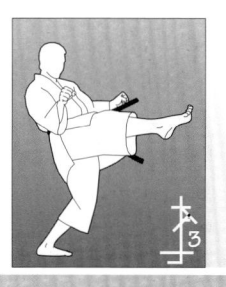

... die Arme des Gegners nach außen drücken. Dadurch wird der Abstand für den Konter vorbereitet. ...

Chûdan
mae geri keage

... Mit einem frontalen Fußtritt kontern. Der Gegner wehrt ab. ...

Jion

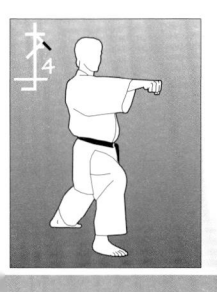

Chûdan oi zuki
Zenkutsu dachi

... Danach mit einer Sanbon-zuki-...

Chûdan gyaku zuki
Zenkutsu dachi

...Technik ...

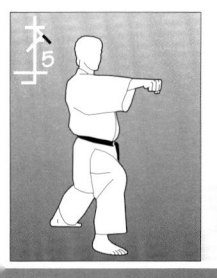

Chûdan mae te zuki
Zenkutsu dachi

... abschließen.

Kakiwake uke
Zenkutsu dachi

Angriff: Greifversuch am Hals.
Verteidigung: Nach vorne gleiten und dem Gegner zuvorkommen. ...

. Dabei den Gegner fassen ...

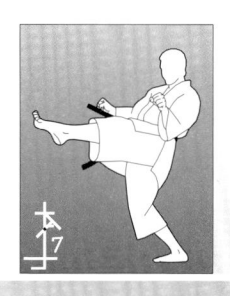

Chûdan
mae geri keage

... und aus der sich ergebenden kurzen Distanz mit Hiza geri kontern. ...

Chûdan oi zuki
Zenkutsu dachi

. Den Gegner nach hinten drücken, um die richtige Distanz für den Konter zu erhalten. ...

Chûdan gyaku zuki
Zenkutsu dachi

... Mit Ren zuki ...

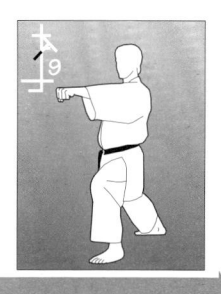

Chûdan mae te zuki
Zenkutsu dachi

... die Aktion beenden.

Angriff: Jôdan oi zuki.
Verteidigung: Den Angriff mit Age shutô uke nach oben leiten ...

Age uke
Zenkutsu dachi

... und unter der Achsel kontern (Age uke oi komi). ...

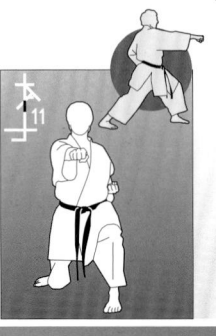

Chûdan gyaku zuki
Zenkutsu dachi

... Danach zusätzlich mit einem Fauststoß abschließen.

Angriff: Jôdan oi zuki.
Verteidigung: Mit Age shutô uke abblocken, ...

Age uke
Zenkutsu dachi

... das Handgelenk greifen und nach unten drücken. Dazu am Hals mit Age uke oi komi kontern. ...

Chûdan gyaku zuki
Zenkutsu dachi

... Mit der Vorderhand den Gegner festhalten und noch mal kontern.

Angriff: Versuch anzugreifen.
Verteidigung: Den Angriff bereits im Ansatz mit Jôdan teishô uchi stoppen. ...

Age uke
Zenkutsu dachi

Jion

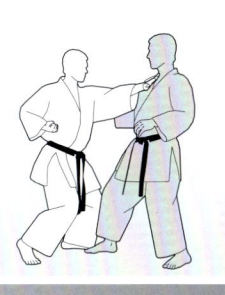

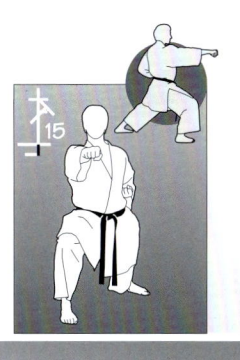

... Mit einem Schritt nach vorne am Kinn kontern und den Gegner nach hinten schieben. ...

Chûdan oi zuki
Zenkutsu dachi

... Die Aktion mit einem Fauststoß zur Körpermitte beenden.

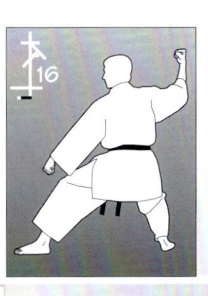

Manji uke
Kôkutsu dachi

Angriff: *Jôdan oi zuki.*
Verteidigung: Mit Nagashi uke den Angriff nach außen leiten und gleichzeitig Chûdan mit Tettsui uchi kontern. ...

Chûdan kagi zuki
Kiba dachi

... Mit einem Gleitschritt nach vorne noch mal kontern.

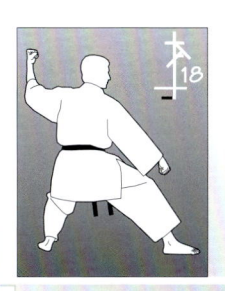

Manji uke
Kôkutsu dachi

Angriff: *Jôdan mawashi geri.*
Verteidigung: Mit Nagashi uke abwehren und mit Mae te zuki kontern. ...

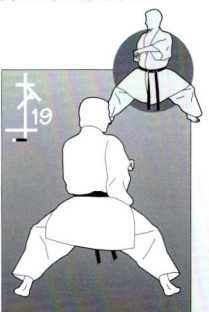

Chûdan kagi zuki
Kiba dachi

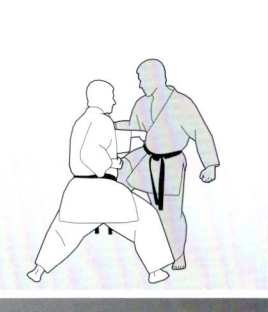

... Während der Gegner absetzt, noch mal kontern.

Gedan barai
Zenkutsu dachi

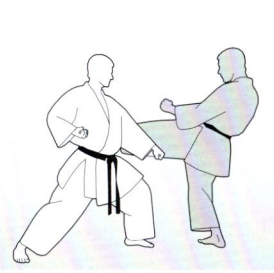

Angriff: *Chûdan mae geri.*
Verteidigung: Abwehren ...

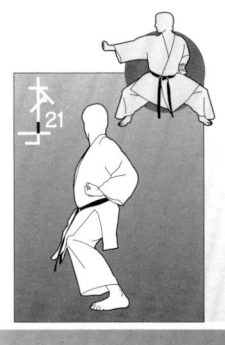

Jion

Chûdan teishô uchi
Kiba dachi
... und mit einem Wechselschritt nach vorne in die kurzen Rippen kontern.

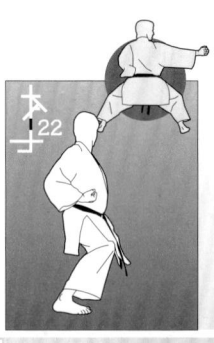

Chûdan teishô uchi
Kiba dachi

Angriff: *Stechender Stockangriff.*
Verteidigung: Mit Tai sabaki seitlich ausweichen und abwehren. ...

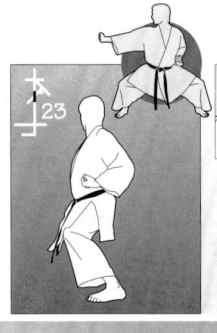

Chûdan teishô uchi
Kiba dachi
... Den Stock greifen, aus der Angriffslinie nehmen und mit einem Schritt nach vorne kontern.

Manji uke
Kôkutsu dachi

Angriff: *Chûdan Stockangriff.*
Verteidigung: Seitlich ableiten und mit Gedan barai abwehren. Der Gegner greift noch einmal, mit einer Kreisbewegung von oben nach unten, Jôdan an. Mit Age uke abblocken, den Stock mit beiden Händen packen und drehen. Dann mit beiden Händen nach hinten ziehen, um den Stock aus den Händen des Gegners zu reißen. ...

Jôdan morote uke
Heisoku dachi
... Danach mit dem Stock, im Vorwärtsgehen, Jôdan kontern.

Manji uke
Kôkutsu dachi

Angriff: *Waagerechter Stockangriff.*
Verteidigung: Abwehren. ...

Jion

.. Der Gegner holt nach hinten aus und greift im Brustbereich mit einem Stoß nach vorne noch einmal an. Den Stock abblocken, ...

Jôdan morote uke
Heisoku dachi

... halten und nach hinten ziehen. ...

.. Als Gegenbewegung mit der vorderen Hand kontern.

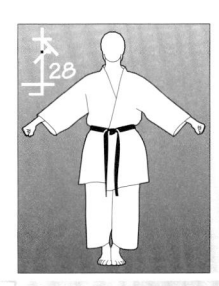

Heisoku dachi

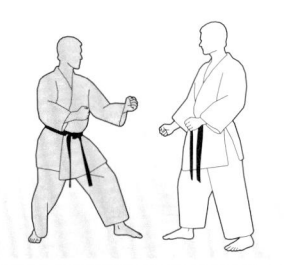

Angreifer: Vorbereitung des Angriffs.
Verteidiger: Konzentration auf die kommende Aktion. ...

Koshi kamae
Hiza geri

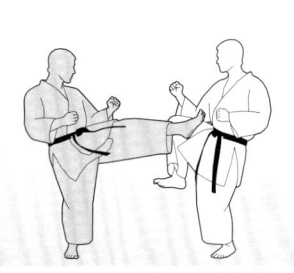

Angriff: *Chûdan mae ashi geri.*
Verteidigung: Mit dem *Ashibô kake uke* seitlich leiten. ...

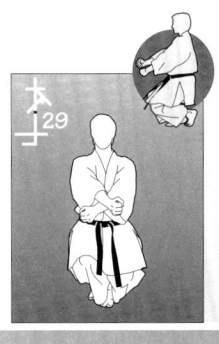

Gedan jûji uke
Kôsa dachi

... Der Gegner greift noch mal mit *Chûdan mae geri* an. In Vorwärtsgehen abblocken, ...

Gedan kakiwake uke
Zenkutsu dachi

... am Fußgelenk und Knie packen, in gegensätzlicher Richtung seitlich drücken, um den Angreifer aus dem Gleichgewicht zu bringen. Am Boden abschließen.

Chûdan
morote uchi uke
Zenkutsu dachi

Jion

Angriff: Handgelenke fassen.
Verteidigung: Um sich zu befreien, die Arme nach innen drehen und nach oben, angewickelt, reißen. ...

Jôdan jûji uke
Zenkutsu dachi

... Der Gegner geht etwas nach hinten, um die Distanz für einen Angriff zu optimieren. ...

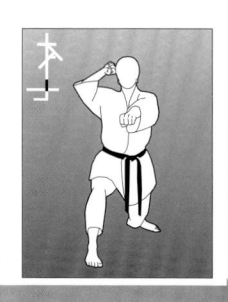

... Dann setzt er mit Jôdan oi zuki seine Aktion fort. Abwehren, ...

Jôdan tate uraken uchi – Jôdan kamae
Zenkutsu dachi

... den Arm oben halten und parallel dazu kontern. ...

Chûdan tettsui uchi
Zenkutsu dachi

... Mit einer zweiten Technik nachsetzen, die nächste vorbereiten ...

Jôdan ura zuki – Chûdan kamae
Zenkutsu dachi

... und mit ihrer Ausführung die Verteidigungsaktion beenden.

Uchi uke
Zenkutsu dachi

Angriff: Chûdan oi zuki.
Verteidigung: Abwehren, ...

Chûdan oi zuki
Zenkutsu dachi

... den angreifenden Arm halten, den Gegner nach hinten drücken und mit einem Schritt nach vorne kontern.

Jion

Uchi uke
Zenkutsu dachi

Angriff: Chûdan oi zuki.
Verteidigung: Abblocken, ...

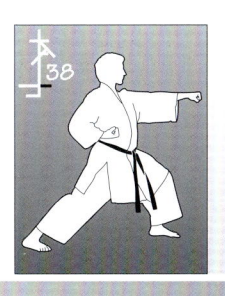

Chûdan oi zuki
Zenkutsu dachi

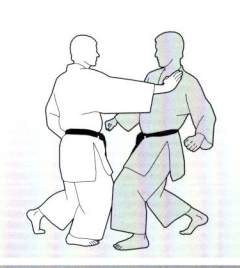

... durch das Strecken des rechten Armes den Gegner nach hinten auf die gewünschte Distanz schieben ...

... und im Vorwärtsgehen kontern.

Gedan barai
Zenkutsu dachi

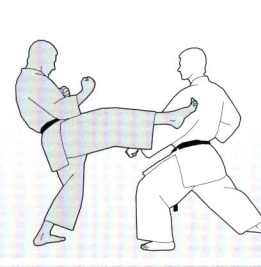

Angriff: Chûdan mae geri.
Verteidigung: Abwehren. ...

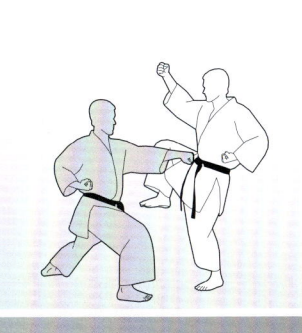

... Der Gegner setzt seinen Angriff mit Chûdan gyaku zuki fort, der mit Ashibô kake uke zur Seite geleitet wird. ...

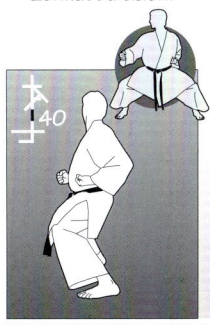

Chûdan otoshi uke
Fumikomi –
Kiba dachi

... Den angreifenden Arm halten, drehen und den Ellenbogen von oben nach unten angreifen.

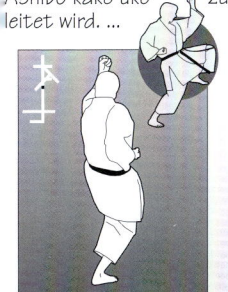

Angriff: Chûdan oi zuki.
Verteidigung: Zur Verteidigungskombination ausholen, ...

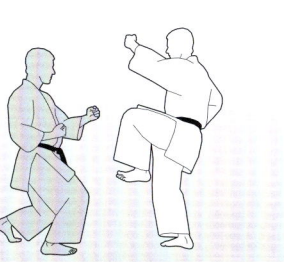

Chûdan otoshi uke
Fumikomi –
Kiba dachi

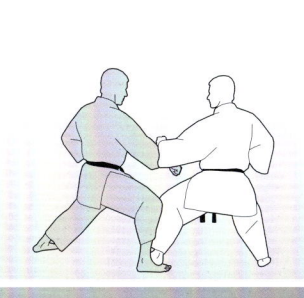

... gleichzeitig nach unten abwehren und mit Fumikomi kontern. ...

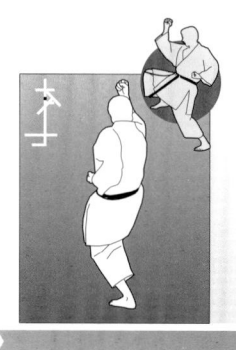

Jion

... Den Gegner packen, ziehen und mit Hiza geri noch einmal kontern. ...

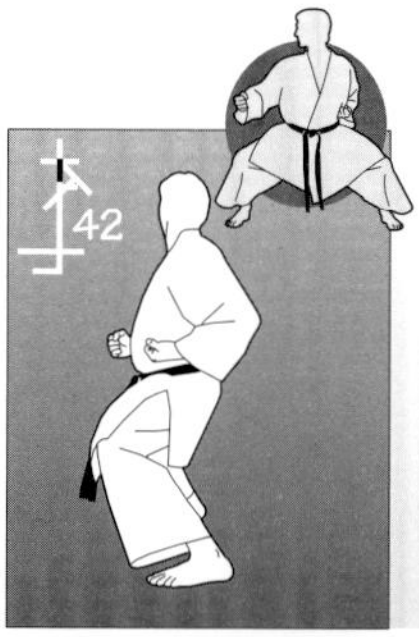

Chûdan otoshi uke Fumikomi – Kiba dachi

... Abschließend mit Otoshi tettsui uchi angreifen.

Tsukami yose

Angriff: Chûdan oi zuki.
Verteidigung: Von innen nach außen abwehren (Teishô nagashi uke). ...

Chûdan tettsui uchi Kiba dachi

... Den angreifenden Arm greifen und ziehen. Gleichzeitig im Chûdan-Bereich kontern.

Tsukami yose Suri ashi

Angriff: Ren zuki.
Verteidigung: Den ersten Angriff mit Te nagashi uke seitlich leiten. ...

Chûdan tettsui uchi Kiba dachi

... Mit derselben Hand den zweiten Fauststoß mit Otoshi teishô uke blocken und halten, gleichzeitig am Hals kontern.

Yame
Heisoku dachi

Auch in Jion ist bereits Yôi eine Verteidigung. Weitere Anwendungen aus dieser Yôi-Haltung werden später in den Kata Jitte und Ji'in gezeigt. Viele Basis-Shôtôkan-Techniken, welche auch in der Heian-Serie zu finden sind, sorgen in Jion für essenzielle und klare Bunkai-Anwendungen.

Die Anwendungsreihe der Techniken von Nr. 10 bis Nr. 15 sieht die jeweiligen Age shutô uke als aktive Bestandteile der Verteidigungen vor. Sie können aber auch einfach als Ausholbewegungen für die darauf folgenden Techniken interpretiert werden.

Die vier Manji-uke-Techniken die in Jion vorkommen (Nr. 16, 18, 24 und 26) sind hier, anders als in Heian godan, keine endgültigen Techniken, sondern nur jeweils die Verteidigungsabschnitte, die zu den Abschlusstechniken führen. Sie stellen an den Karateka, der die Heian-Kata hinter sich hat, weit höhere Ansprüche.

Die Technik Nr. 30, nachdem der vorherige Mae geri abgewehrt worden ist, bietet sich auch als direkte Kontertechnik mit einem einseitigen Tettsui-uchi-Angriff an (der zweite Arm hat in diesem Fall keine Funktion) und wird ausgeführt, während der Gegner absetzt. Genau so kann die anschließende Technik (Nr. 31) anstatt als Befreiung als Doppelblock gegen einen entsprechenden Fauststoßangriff gesehen werden.

Die Serie von Nr. 40 bis 42 unterstreicht das Sanbon-Prinzip; die Handlung wird nach hinten beschleunigt, mit dem Effekt, dass hypothetische weitere Angriffe erst gar nicht mehr stattfinden.

Die Abwehr nach der Technik Nr. 42 (Teishô nagashi uke) soll mit entsprechender Körperbewegung (Suri ashi oder Oberkörper seitlich neigen) ausgeführt werden, damit sie in der Anwendung funktioniert.

Hangetsu

Auf einen Blick

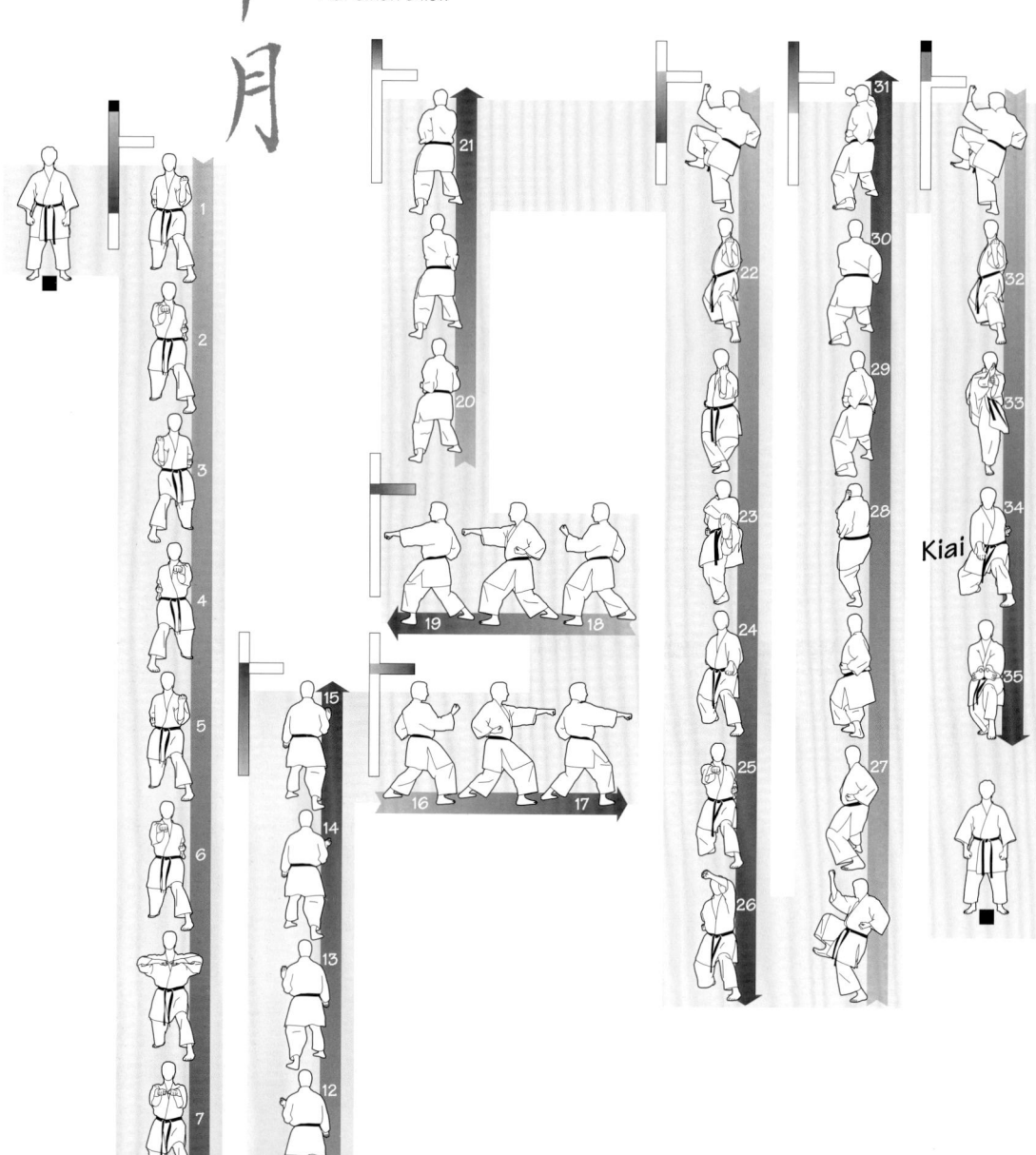

Hangetsu

Enbusen — Halbmond

Yôi
Heisoku dachi

Uchi uke
Hangetsu dachi
Angriff: Chûdan oi zuki.
Verteidigung: Abwehren ...  
Chûdan gyaku zuki
Hangetsu dachi
... und direkt kontern.

Uchi uke
Hangetsu dachi
Angriff: Chûdan oi zuki.
Verteidigung: Abblocken, ...  
Chûdan gyaku zuki
Hangetsu dachi
... den angreifenden Arm greifen, ziehen und kontern.

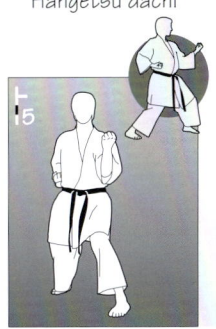

Uchi uke
Hangetsu dachi
Angriff: Chûdan oi zuki.
Verteidigung: Vorbeiführen. ...
Chûdan gyaku zuki  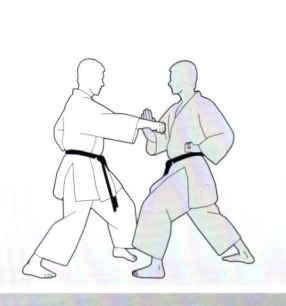
Hangetsu dachi
... Die Kontertechnik wird vom Gegner abgewehrt. ...

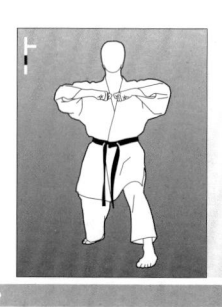

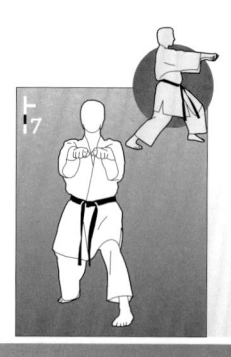

Hangetsu

Hangetsu dachi	... Mit einer kurzen Bewegung zur nächsten Kontertechnik ausholen ...
Chûdan morote ippon ken Hangetsu dachi	... und mit einer Doppeltechnik zum Hals abschließen.
Yama kamae Hangetsu dachi	**Angriff:** *Greifversuch von hinten.* **Verteidigung:** Um den Griff zu umgehen, beide Arme hochheben, ...
Gedan morote shutô uke Hangetsu dachi	... ohne sich dabei umzudrehen und nach hinten kontern.
Kaishu uchi uke – Kaishu gedan barai Hangetsu dachi	**Angriff:** *Awase zuki.* **Verteidigung:** Mit unterschiedlichen Techniken abwehren, ...
Tsukami yose Hangetsu dachi	... den oberen Arm mit einer Drehung des Handgelenkes halten und nach unten reißen. ...
Kaishu uchi uke – Kaishu gedan barai Hangetsu dachi	... Nach einem Wechselschritt in die Deckung des Gegners mit Haitô uchi am Hals kontern. ...
Tsukami yose Hangetsu dachi	... Zusätzlich mit Shutô uchi am Kehlkopf die Aktion beenden.

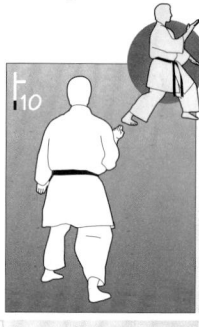

Hangetsu

Kaishu uchi uke –
Kaishu gedan barai
Hangetsu dachi

Angriff: Jôdan zuki.
Verteidigung: Abwehren und gleichzeitig mit Chûdan nukite kontern (entspricht der Ausholbewegung in der Kata). Danach die Kontrolle über den angreifenden Arm mit der rechten Hand übernehmen. ...

Tsukami yose
Hangetsu dachi

... Den Gegner am Handgelenk ziehen und mit Gedan shutô uchi kontern.

Uchi uke
Hangetsu dachi

Angriff: Chûdan zuki.
Verteidigung: Abblocken ...

Chûdan gyaku zuki
Hangetsu dachi

... und kontern. Der Gegner wehrt ab. ...

Chûdan mae te zuki
Hangetsu dachi

... Bevor der Gegner mit einer Konteraktion starten kann, mit einem weiteren Zuki die Situation beenden.

Uchi uke
Hangetsu dachi

Angriff: Chûdan gyaku zuki.
Verteidigung: Blocken, ...

Chûdan gyaku zuki
Hangetsu dachi

... den Gegner am Nacken greifen, ...

Chûdan mae te zuki
Hangetsu dachi

Hangetsu

... ziehen und im Chûdan-Bereich mit Mae te zuki kontern.

Uchi uke Hangetsu dachi

Angriff: *Chûdan oi zuki.*
Verteidigung: Mit Suri ashi nach vorne abwehren ...

Chûdan gyaku zuki Hangetsu dachi

... und kontern. Hinter dem vorderen Bein des Gegners absetzen und ihn im Schulterbereich halten. ...

Chûdan mae te zuki Hangetsu dachi

... Den Gegner über das eigene Vorderbein ziehen und im Fallen kontern.

Angriff: *Gedan yoko geri kekomi.*
Verteidigung: Ausweichen und zur Kontertechnik ausholen. ...

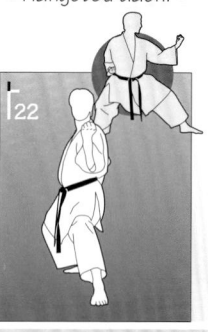

Chûdan tate uraken uchi Kôkutsu dachi

... Beim Absetzen von oben nach unten kontern. Der Gegner wehrt ab ...

... und hält den Arm fest. ...

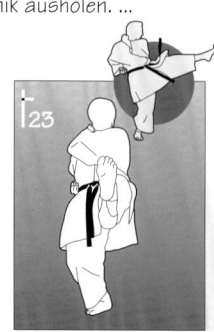

Chûdan mae geri keage

... Den Arm aus dem Griff reißen und gleichzeitig mit einem Fußtritt kontern. ...

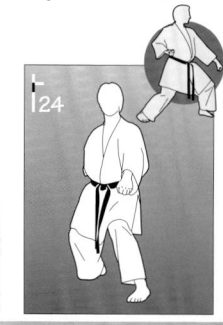

Gedan barai Hangetsu dachi

Hangetsu

Beim Absetzen in die kurzen Rippen mit Chûdan tettsui uchi angreifen ...

Chûdan gyaku zuki
Hangetsu dachi

... und mit einer Fausttechnik nachsetzen. ...

Age uke
Hangetsu dachi

Abschließend zusätzlich Jôdan mit age uke oi komi kontern.

Angriff: Gedan-Kurzstockangriff.
Verteidigung: Dem Angriff durch das Anheben des vorderen Beins ausweichen. ...

Chûdan
tate uraken uchi
Kôkutsu
dachi

Den Schwung nutzend, greift der Gegner weiter von der anderen Seite an. Mit Soto uke abblocken, ...

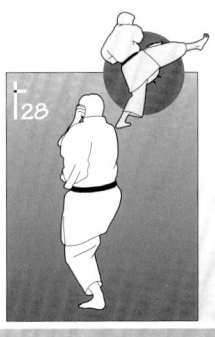

Chûdan
mae geri keage

... am Handgelenk halten, ziehen und mit einem Fußtritt kontern. ...

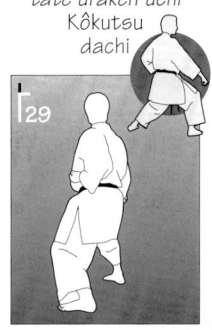

Gedan barai
Hangetsu dachi

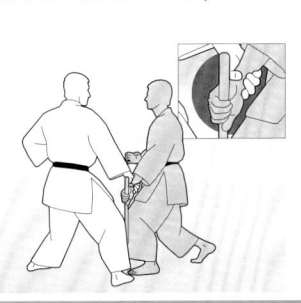

Den angreifenden Arm nach unten und zur Seite drücken ...

Chûdan gyaku zuki
Hangetsu dachi

... und mit einem Fauststoß kontern. ...

Age uke
Hangetsu dachi

Hangetsu

... Dem Gegner den Stock mit beiden Händen entreißen und mit seiner eigenen Waffe am Hals angreifen.

Angriff: *Gedan mae geri.*
Verteidigung: Mit dem Unterschenkel zur Seite leiten ...

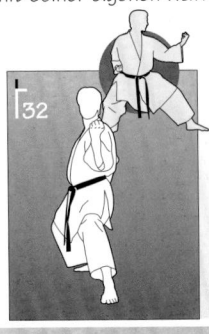

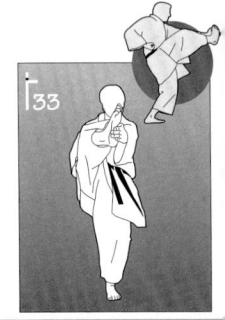

Chûdan tate uraken uchi Kôkutsu dachi

... und von oben nach unten kontern. Die Technik wird vom Gegner abgewehrt. Dabei den gegnerischen Arm greifen und kräftig nach unten ziehen. ...

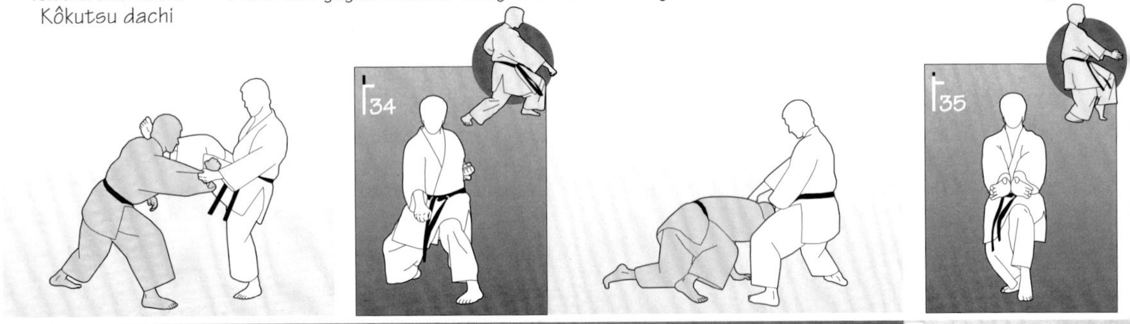

Chûdan mikazuki geri

... Im Wechselschritt erst mit einem Fußtritt, ...

Gedan gyaku zuki Hangetsu dachi

... dann mit einem Fauststoß kontern. Während der Konteraktion den Gegner am Arm kontrollieren.

Gedan morote teishô uke Neko ashi dachi

Angriff: *Chûdan mae geri.*
Verteidigung: Bevor der Gegner das Bein strecken kann, mit einer Doppeltechnik abblocken. Das Bein packen, schräg nach vorne schieben. Während der Gegner absetzt, von unten nach oben gegen das Kinn kontern (Age uke oi komi).

Yame Heisoku dachi

Die Bunkai-Techniken von Hangetsu entsprechen dem statischen und dennoch spannungsvollen Charakter dieser Kata. Die Kampfsituationen sind mit kurzen und präzisen Antworten zu meistern.

Die Technik Nr. 8 (Yama kamae), hier als Verteidigung gegen einen Griffversuch von hinten interpretiert, kann man jedoch auch als doppelte Abwehr gegen einen frontalen Angriff sehen (z. B. Morote zuki), während der Technik danach (Nr. 9) kann man einen Mae-geri-Angriff abwehren, welcher dann mit einer zusätzlichen, in der Kata nicht enthaltenen Technik gekontert wird.

Die drei Serien von Nr. 10 bis 15, Nr. 16 bis 21 und Nr. 22 bis 32 bieten bei wiederholten Techniken verschiedene Anwendungsmöglichkeiten.

Trotzdem kann der Karateka, der den Bunkai-Bereich vertiefen möchte, auch in diesen Fällen zusätzliche Verteidigungslösungen studieren. Wenn man die Interpretationen freier gestaltet, als hier angeboten, ist es natürlich noch möglich, zahlreiche weitere Antworten für die jeweiligen wiederkehrenden Verteidigungstechniken zu finden.

Die letzte Sequenz von Nr. 33 bis 35 kann auch wie folgt interpretiert werden: Ein Mae-geri-Angriff wird mit Mikazuki geri abgewehrt. Mit dem Gyaku zuki, der sich anschließt, erfolgt der Konter auf das Schienbein. Abschließend wird zusätzlich mit Morote teishô uchi angegriffen (in der Kata als Abwehrtechnik vorgesehen).

Kankû dai

Auf einen Blick

Kiai

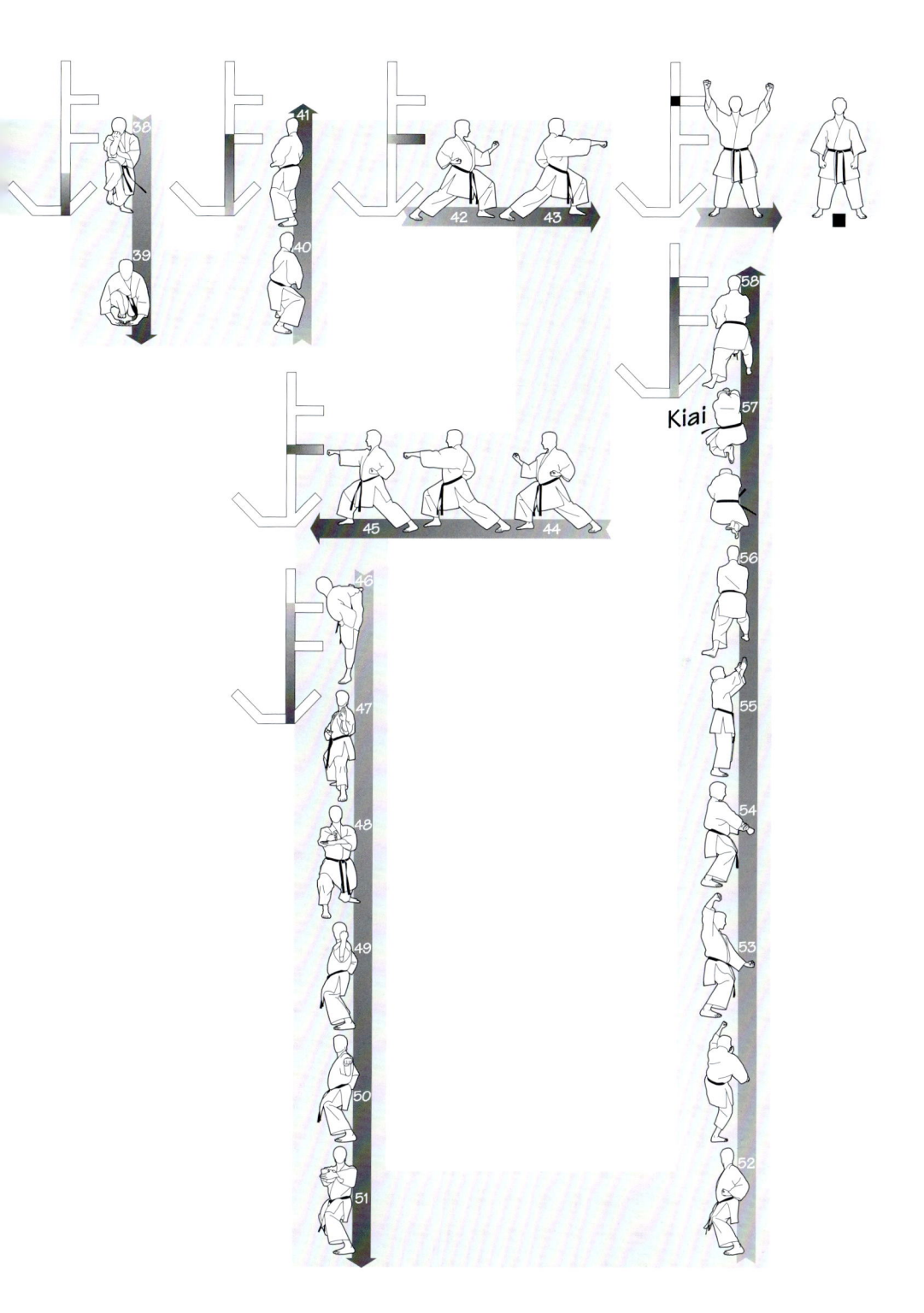

Kiai

Kankû dai

Enbusen

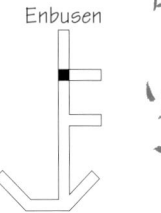

In den Himmel schauen – groß

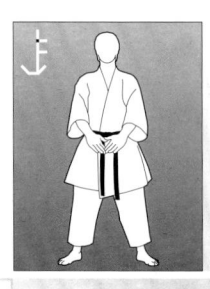

Yôi
Hachi ji dachi

Angriff: Griffversuch am Hals.
Verteidigung: Erst die Hände zusammenführen, ...

Morote age shutô uke
Hachi ji dachi

... dann die Arme des Gegners nach oben leiten ...

Chûdan shutô uchi
Hachi ji dachi

... und mit einer kreisförmigen Bewegung in die kurzen Rippen kontern (Morote shutô uchi).

Jôdan haishu uke – Chûdan kamae
Kôkutsu dachi

Angriff: Jôdan oi zuki.
Verteidigung: Abwehren, ...

... den angreifenden Arm halten und mit Jôdan nukite zum Hals kontern.

Jôdan haishu uke – Chûdan kamae
Kôkutsu dachi

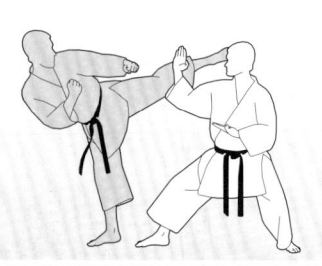

Angriff: Jôdan mawashi geri.
Verteidigung: Abblocken und mit einer kurzen Bewegung desselben Armes mit Shutô uchi zum Hals kontern. ...

Kankû dai

5 Chûdan tate shutô uke
Hachi ji dachi

Angriff: Jôdan shutô uchi.
Verteidigung: Abwehren ...

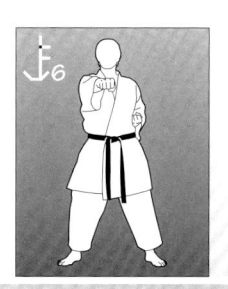

6 Chûdan choku zuki
Hachi ji dachi

... und kontern. Mit einem Schritt zurück wehrt der Gegner die Kontertechnik ab. ...

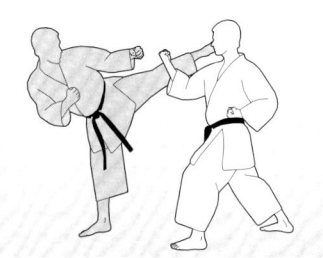

7 Uchi uke

... Parallel dazu kontert er mit Jôdan mawashi geri. Die Technik wird abgeblockt ...

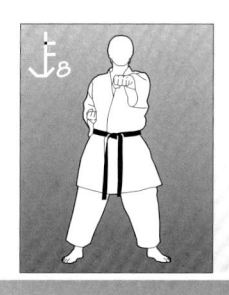

8 Chûdan choku zuki
Hachi ji dachi

... und schnell erwidert. ...

9 Uchi uke

... Zum Schuss, aus der sich ergebenden kurzen Distanz mit Jôdan uraken uchi die Sequenz beenden.

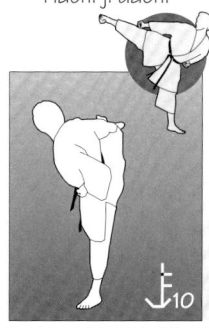

10 Jôdan uraken uchi
Jôdan yoko geri keage

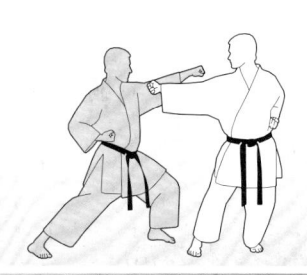

Angriff: Jôdan oi zuki.
Verteidigung: Mit Jôdan uraken uke abwehren, ...

... den gegnerischen Arm halten und mit Yoko geri kekomi zum Hals kontern.

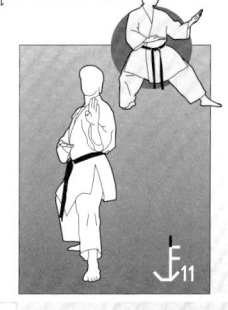

11 Shutô uke
Kôkutsu dachi

Angriff: Oi zuki.
Verteidigung: Abblocken. ...

12 Shutô uke
Kôkutsu dachi

Kankû dai

... Im Zurückgehen greift der Gegner noch mal mit Chûdan oi zuki an. Den Angriff wieder mit Shutô uke abwehren. ...

*Shutô uke
Kôkutsu dachi*

... Der dritte Angriff erfolgt mit Chûdan gyaku zuki. Mit einem Wechselschritt abwehren, ...

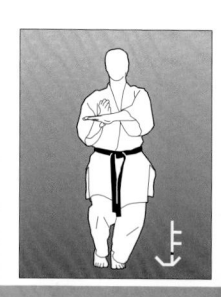

Te osae uke

... vorgehen, den Angreifer packen und nach hinten drücken. ...

*Chûdan
gohon nukite
Zenkutsu
dachi*

... Abschließend zum Hals kontern.

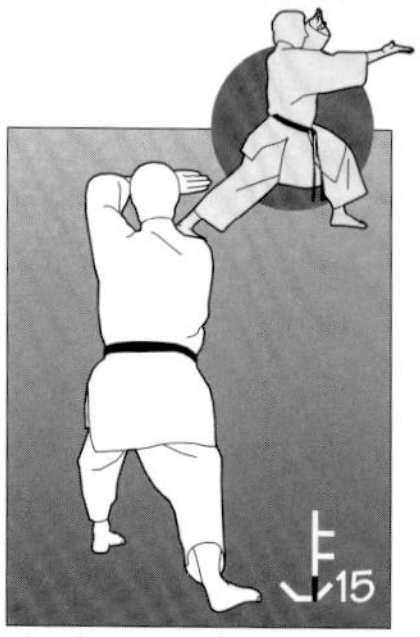

*Age shutô uke –
Jôdan shutô uchi
Zenkutsu
dachi*

Angriff: Jôdan oi zuki.
Verteidigung: Nach oben leiten, gleichzeitig zum Hals kontern ...

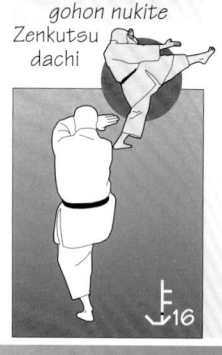

*Jôdan
mae geri keage*

... und im Schrittwechsel zusätzlich mit einem Fußtritt nachsetzen.

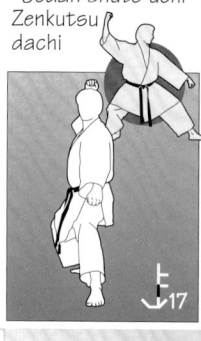

*Manji uke
Kôkutsu dachi*

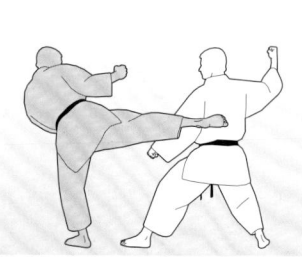

Angriff: Chûdan mawashi geri.
Verteidigung: Den Angriff abwehren. ...

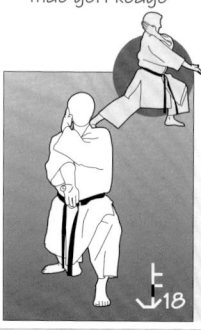

*Gedan nukite –
Te nagashi uke
Zenkutsu dachi*

... Beim Absetzen greift der Gegner nochmals mit Jôdan gyaku zuki an. Gleichzeitig zur Seite leiten und Gedan kontern. ...

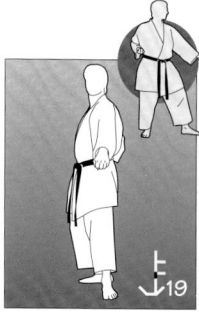

*Gedan uke
Re no ji dachi*

Kankû dai

... Mit der rechten Hand den Gegner fixieren und mit einem Tettsui uchi zum Kopf abschließen.

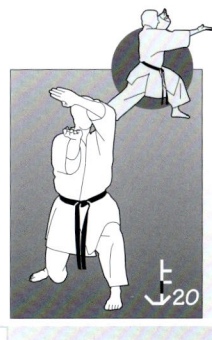

Jôdan shutô uchi –
Age shutô uke
Zenkutsu dachi

Angriff: Jôdan tettsui uchi.
Verteidigung: Abwehren ...

... und kontern. Dabei den Gegner am Arm halten, ...

Jôdan
mae geri keage

... am Kopf greifen und mit beiden Händen nach vorne zur Kontertechnik (Hiza geri) ziehen.

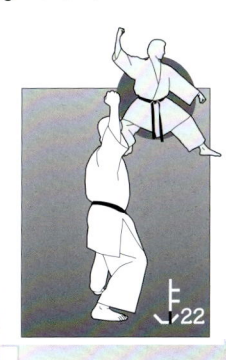

Manji uke
Kôkutsu dachi

Angriff: Griff am Oberarm und Chûdan ura zuki.
Verteidigung: Den Griff umfassen, den Fauststoß abblocken. ...

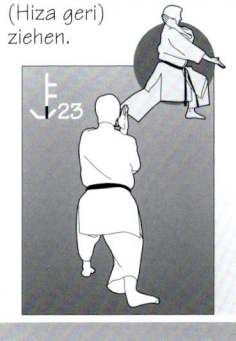

Gedan nukite –
Te nagashi uke
Zenkutsu dachi

... Den linken Arm des Gegners am Körper fixieren und Druck auf den Ellenbogen ausüben. Gleichzeitig zur Kontertechnik ausholen ...

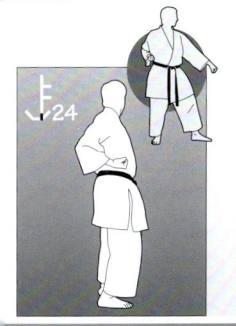

Gedan uke
Re no ji dachi

... und mit Tettsui uchi kontern.

Jôdan uraken uchi
Jôdan
yoko geri keage

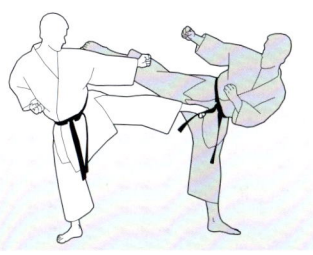

Angriff: Jôdan mawashi geri.
Verteidigung: Gleichzeitig abwehren und Gedan kontern. ...

Kankû dai

Chûdan mae empi uchi Zenkutsu dachi	... Zusätzlich mit einem Ellenbogenstoß beenden.
Jôdan uraken uchi Jôdan yoko geri keage	**Angriff:** Jôdan tettsui uchi. ⚠ **Verteidigung:** Mit einer direkten Technik dem Angriff zuvorkommen. ...
Chûdan mae empi uchi Zenkutsu dachi	... Dazu den angreifenden Arm kontrollieren. Abschließend ziehen und gleichzeitig kontern.
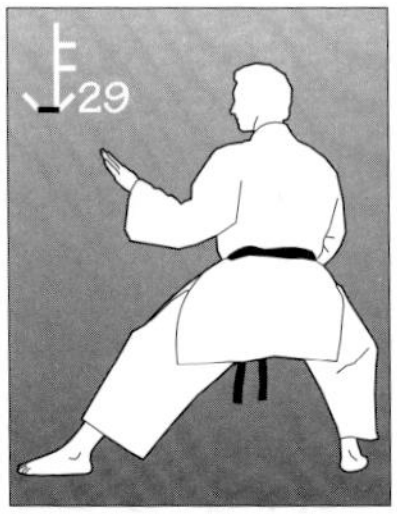	Shutô uke Kôkutsu dachi

Angriff: Chûdan oi zuki.
Verteidigung: Abwehren ...

Shutô uke Kôkutsu dachi

... und mit Shutô uchi am Hals kontern. Die Technik wird vom Gegner abgewehrt. ...

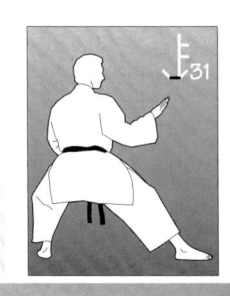

Shutô uke Kôkutsu dachi

... Mit einer schnellen Reaktion den Arm greifen und kräftig ziehen. Mit einer Körperdrehung den Gegner führen, so dass er aus dem sicheren Stand gerissen wird. ...

Shutô uke Kôkutsu dachi

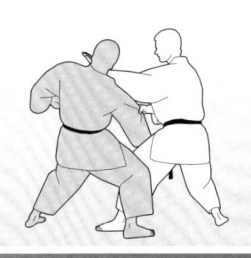

... Dann folgt ein Wechselschritt, noch bevor der Gegner wieder eine stabile Haltung einnehmen kann, mit Shutô uchi die Situation beenden.

Kankû dai

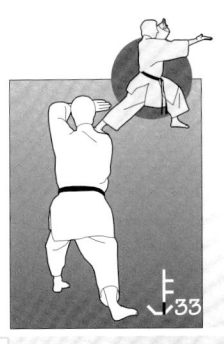

Age shutô uke –
Jôdan shutô uchi
Zenkutsu dachi

Angriff: Jôdan-Stockangriff.
Verteidigung: Nach vorne abwehren und gleichzeitig den gegnerischen Arm angreifen. ...

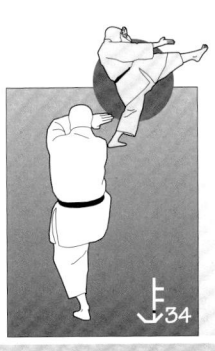

Jôdan
mae geri keage

... Sofort danach folgt eine Fußtechnik. Der Gegner geht nach hinten und wehrt mit dem Stock ab. ...

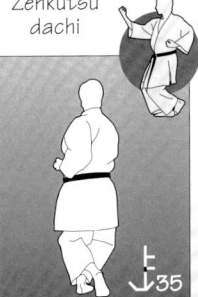

Jôdan
tate uraken uchi
Kôsa dachi

... Um weitere Angriffe zu vermeiden, den Stock erst blocken, ...

Uchi uke
Zenkutsu dachi

... dann greifen und, mit einer gegensätzlichen Armbewegung, ...

Chûdan gyaku zuki
Zenkutsu dachi

... die Waffe aus den Händen des Gegners reißen und kontern. ...

Chûdan mae te zuki
Zenkutsu dachi

... In derselben Dynamik mit der Stockspitze kontern.

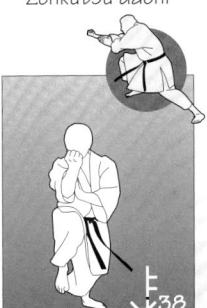

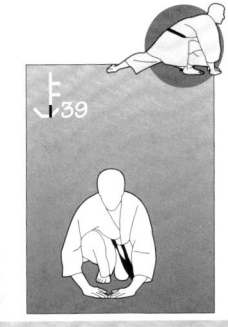

Oi komi ura zuki

Angriff: Zwei Gegner greifen gleichzeitig an: von vorne mit Mawashi zuki, von hinten mit Jôdan mawashi geri.
Verteidigung: Dem vorderen Angriff zuvorkommend mit einer direkten Technik in die Deckung des Gegners hineingehen. ...

Kankû dai

... Bei dem Angriff das Körpergewicht nach vorne verlagern, so dass dem Fußtritt des anderen Angreifers ausgewichen wird. ...

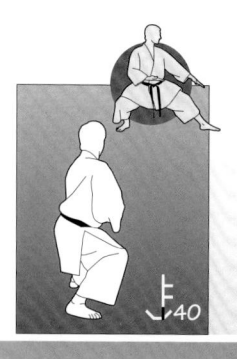

Gedan shutô uke – Gedan kamae Kôkutsu dachi

... Der Gegner setzt, ohne abzusetzen, mit Fumikiri den Angriff fort. In der Drehung abblocken, ...

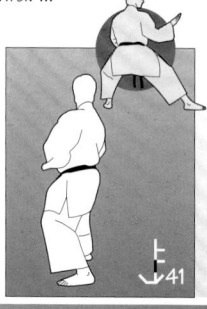

Shutô uke Kôkutsu dachi

... mit einem Wechselschritt die vordere Hand wegdrücken und mit Chûdan shutô uchi in die kurzen Rippen beenden.

Uchi uke Zenkutsu dachi

Angriff: Chûdan mae geri.
Verteidigung: Seitlich etwas ausweichen und abwehren. ...

Chûdan gyaku zuki Zenkutsu dachi

... Dabei kontern, schneller, als der Gegner absetzen kann.

Uchi uke Zenkutsu dachi

Angriff: Chûdan mawashi geri.
Verteidigung: Nach vorne gleiten, abblocken ...

Chûdan gyaku zuki Zenkutsu dachi

... und kontern. Der Gegner reagiert mit einer schnellen Abwehrtechnik ...

Chûdan mae te zuki Zenkutsu dachi

Kankû dai

... und versucht selbst zu kontern. Die zweite Kontertechnik des Verteidigers muss in dieser Situation sehr schnell folgen.

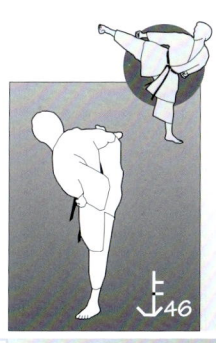

Jôdan uraken uchi
Jôdan yoko geri keage

Angriff: Jôdan mawashi geri.
Verteidigung: Mit einem direkten Konter dem Angriff zuvorkommen und nach vorne gleitend mit einer Fausttechnik nachsetzen.

Shutô uke
Kôkutsu dachi

Angriff: Ren zuki.
Verteidigung: Den ersten Zuki seitlich, ...

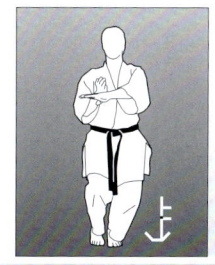

Te osae uke

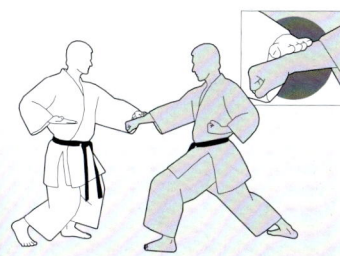

... den zweiten nach unten leiten ...

Chûdan gohon nukite
Zenkutsu dachi

... und im Wechselschritt kontern. Der Gegner wehrt ab und erwidert in Suri ashi ...

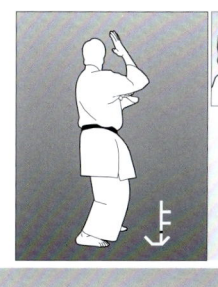

... mit einem Jôdan mae mawashi geri, welcher mit Jôdan haishu uke abgewehrt wird. ...

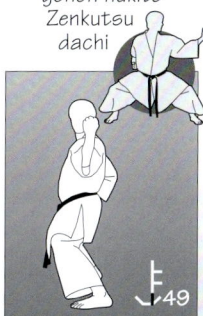

Chûdan tate uraken uchi
Kiba dachi

... Mit einer Drehung über die Rückseite wird noch mal angegriffen. Der Gegner blockt ab. ...

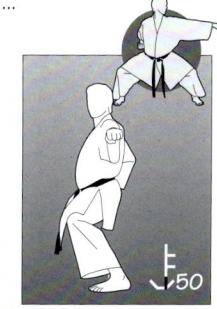

Chûdan tettsui uchi
Kiba dachi

Kankû dai

... Mit einem weiteren Fauststoß schnell nachsetzen, ...

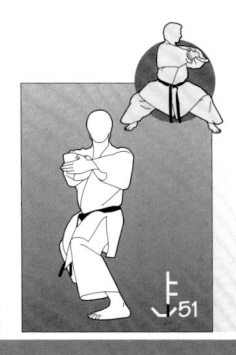

Chûdan mae empi uchi
Kiba dachi

... den Gegner am Rücken halten und mit einem Ellenbogenstoß kontern. ...

Koshi kamae
Kiba dachi

... Den Gegner über das Vorderbein werfen, am Boden kontern.

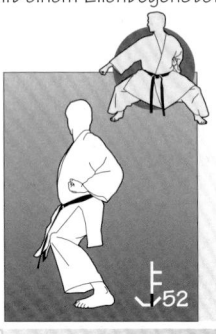

Gedan barai
Kiba dachi

Angriff: Chûdan mae geri.
Verteidigung: Abwehren ...

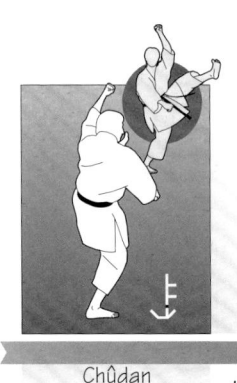

Chûdan mikazuki geri

... und kontern. Der nächste Gegner nähert sich von der rechten Seite. Noch vor dem Absetzen zur Abwehrtechnik ausholen.

Gedan kake uke – Jôdan kamae
Kiba dachi

Angriff: Chûdan mae geri.
Verteidigung: Den Angriff mit einer Haken-Abwehrtechnik auffangen ...

Gedan otoshi zuki
Kiba dachi

... und das Schienbein angreifen.

Jôdan jûji kaishu uke
Hachi ji dachi

Angriff: Jôdan zuki.
Verteidigung: Den Angriff nach oben leiten ...

Kankû dai

Chûdan jûji kamae
Zenkutsu dachi

... und halten. Durch eine Körperdrehung im Uhrzeigersinn ergibt sich ein Hebel. Den Arm weiterführen und nach unten drücken. Nach der Drehung verlängert der Verteidiger seine Stellung nach vorne, um den Gegner werfen zu können.

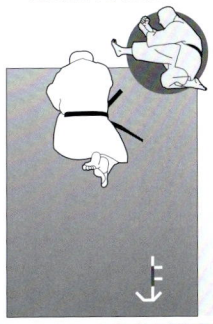

Nidan tobi geri
(1. Fußtritt)

Angriff: *Der Gegner steht wieder auf und greift mit Chûdan oi zuki an.*
Verteidigung: Dem Angriff mit einer Doppelfußtechnik im Sprung ...

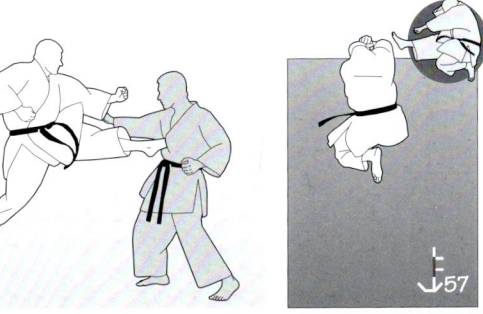

Nidan tobi geri
(2. Fußtritt)

.. zuvorkommen ...

*Chûdan
tate uraken uchi*
Zenkutsu dachi

... und beim Landen zusätzlich mit einer Armtechnik kontern.

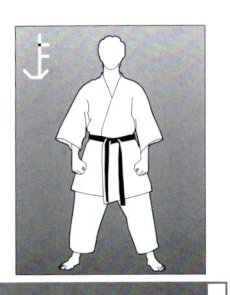

Yame
Hachi ji dachi

Diverse Techniken und Sequenzen von Kankû dai sind bekannt wie in den Heian-Kata und einmal in Bassai dai vorhanden. Durch diese Tatsache bietet sich die Möglichkeit, bereits gelernte Anwendungen anders zu interpretieren.
Da Kankû dai eine höhere Kata ist, stellen sich dem Karateka auch zum Thema Bunkai höhere Ansprüche. Besonders dort, wo Techniken aus anderen Kata vorkommen, sollten die gegnerischen Angriffe mit anspruchsvollen Verteidigungen erwidert werden.
Gleich am Anfang der Kata sehen die Techniken Nr. 3 und 4 (Jôdan haishu uke) jeweils keinen Konter vor. Dadurch ergibt sich die Einbringung von zusätzlichen Techniken, um die zwei Verteidigungen abzuschließen. Die Sequenz von Nr. 5 bis 9, hier als Nahkampf gegen einen Gegner vorgesehen, kann auch gegen mehrere Gegner interpretiert werden. Der Kampf kann sich in dem Fall wie folgt abspielen: von Nr. 5 bis 7 Abwehr, Konter und Armbrechen (wie in Bassai dai) oder -hebeln. Nr. 8 und 9 dem Angriff zuvorkommend noch mal kontern. Die Manji-uke-Abwehr Nr. 17 kann mit dem linken Arm den Angriff von vorne, wie hier gezeigt, abwehren und gleichzeitig mit dem rechten den vorherigen Gegner mit Ura ken uchi zusätzlich kontern. Bei der Technik Nr. 21, statt den Gegner nach vorne zu ziehen, ihn nach hinten schiebend, erhält man die passende Distanz, um, wie in der Kata vorgesehen, mit Mae geri zu kontern.
Die Verteidigung Nr. 33 kann auch eine endgültige Technik sein, wenn der Shutô uchi genau den Ellenbogen des Gegners trifft. Dieser Interpretation folgend ergibt sich, dass die nachkommenden Techniken als Verteidigung und dementsprechend gegen einen weiteren Gegner gerichtet werden. Die Ausweichtechnik Nr. 39 wird oft gegen einen Stockangriff vorgesehen. Die klassische Interpretation der Anwendung Nr. 56 sieht ein Armbrechen des angreifenden Armes über die eigene Schulter vor.

Erläuterung der Begriffe

	Age uke	Verteidigungstechnik nach oben
	Age zuki	Fauststoß nach oben
	Ai	Zusammenkommen
	Ashi	Fuß
	Ashi barai	Fußfeger
	Ashibô kake uke	Verteidigungstechnik mit dem Unterschenkel
	Ashikubi kake uke	Verteidigungstechnik mit dem Fußgelenk
	Ate waza	Angriffstechniken mit Kime-Punkt
	Awase uke	Gleichzeitige Abwehrtechnik (Überbegriff)
	Awase waza	Sammelbegriff für kombinierte Techniken
	Awase zuki	Gleichzeitiger Fauststoß, U-förmig
	Ayumi ashi	Normaler Gehschritt
	Bassai dai	Kata: Die Mauer zerstören – groß
	Bassai shô	Kata: Die Mauer zerstören – klein
	Bo awase uke	Gleichzeitige Verteidigungstechnik gegen einen Stock
	Budô	Sammelbegriff der japanischen Kampfkünste
	Bunkai	Analysieren und Verstehen einer Technik oder Kata
	Bushi	Krieger
	Bushidô	Der Weg des Kriegers
	Chinte	Kata: Seltene Hand
	Choku zuki	Gerader Fauststoß
	Chûdan	Mittlerer Bereich
	Chûdan kamae	Deckung im mittleren Bereich
	Dachi	Fußstellung
	Dan	Meistergrad
	Dô	Weg
	Dôjô	Trainingshalle für die Suche bzw. das Fortschreiten des Weges
	Dori	Nehmen, Greifen
	Enbusen	Schrittdiagramm der Kata
	Empi	Kata: Flug der Schwalbe (auch Enpi)/Ellenbogen
	Empi uchi	Ellenbogenstoß

Fudô dachi	Unbewegte, feste Stellung (auch Sôchin dachi)
Fumikiri	Schneidender Tritt
Fumikomi	Stampftritt
Fumikomi uke	Verteidigungstechnik im Vorwärtsgehen
Gaiwan	Armaußenseite (Kleinfingerseite)
Gankaku	Kata: Kranich auf dem Felsen
Gedan	Unterer Bereich
Gedan barai	Verteidigungstechnik nach unten (für den Gedan-Bereich)
Gedan kake uke	Hakenabwehrtechnik für den unteren Bereich
Gedan kamae	Deckung im unteren Bereich
Gedan nagashi uke	Begleitende Abwehrtechnik für den unteren Bereich
Geri	Fußtritt (auch Keri)
Gi	Uniform (z. B. Karate-Anzug)
Go	Fünf
Gojû shi ho dai	Kata: 54 Schritte – groß
Gojû shi ho shô	Kata: 54 Schritte – klein
Gyaku hanmi	Überdrehte Oberkörperhaltung um z. B. Abwehrtechniken mit dem hinteren Arm zu ermöglichen
Gyaku zuki	Gegenseitiger Fauststoß
Hachi	Acht
Hachi ji dachi	Natürliche Stellung in Schulterbreite, die Zehen zeigen nach außen („Yôi"-Stellung)
Haishu	Handrücken
Haishu awase uke	Gleichzeitige Verteidigungstechnik mit dem Handrücken
Haishu uchi	Angriffstechnik mit dem Handrücken
Haishu uke	Verteidigungstechnik mit dem Handrücken
Haitô	Innere Handkante
Haitô uchi	Angriffstechnik mit der inneren Handkante
Haitô uke	Verteidigungstechnik mit der inneren Handkante
Haiwan	Armrücken
Haiwan nagashi uke	Begleitende Abwehrtechnik mit dem Armrücken

Hajime	Aufforderung zum Beginnen
Hangetsu	Kata: Halbmond
Hangetsu dachi	Halbmond-Stellung
Hanmi	Frontale Stellung, mit auf 45° gedrehter Hüfte
Hara	Energiezentrum, ca. 3 cm unterhalb des Bauchnabels
Hasami uke	Scheren-Verteidigungstechnik
Hasami zuki	Scheren-Fauststoß
Heian	Frieden und Ruhe, Kata-Serie aus fünf Kata
Heikô dachi	Natürliche Stellung in Schulterbreite, die Füße stehen parallel
Heikô ura zuki	Kehrseitiger Parallel-Fauststoß
Heikô zuki	Parallel-Fauststoß
Heisoku dachi	Natürliche Stellung, mit geschlossenen Füßen
Hidari	Links
Hiji	Ellenbogen
Hiji ate	Ellenbogenstoß
Hiji suri uke	Verteidigungstechnik mit gleitendem Ellenbogen
Hiki te	Zurückziehende Hand
Hineri	Drehen, Umdrehen
Hineri kaeshi	Drehen als Gegentechnik
Hiza	Knie
Hiza geri	Kniestoß (auch Hizagashira)
Hiza uke	Verteidigungstechnik mit dem Knie
Hyôshi	Rhythmus
Ichi	Eins
Ippon ken	Angriffstechnik mit einem Fingerknöchel
Ippon nukite	Angriffstechnik mit einer Fingerspitze
Ji'in	Kata: Liebe und Schatten
Jion	Kata: Liebe und Güte/Name eines Tempels
Jitte	Kata: Zehn Hände
Jiyû ippon kumite	Vorgegebener Kampf mit einem Angriff
Jiyû kumite	Freikampf

Jôdan		Oberer Bereich
Jôdan kamae		Deckung im oberen Bereich
Jû		Zehn
Jûji uke		X-förmige Verteidigungstechnik
Kaeshi		Gegentechnik, Konteraktion
Kaeshi-ippon kumite		Erwidernder Kampf mit einem Angriff
Kagi zuki		Haken-Fauststoß
Kaishu		Offene Hand
Kakato		Ferse
Kakato geri		Fußtritt mit der Ferse, von oben nach unten
Kake shutô uke		Haken-Verteidigungstechnik mit der Handaußenkante
Kake uke		Haken-Verteidigungstechnik
Kakiwake uke		Verteidigungstechnik mit beiden Händen, von innen nach außen
Kakutô		Kranichkopf
Kakutô uchi		Angriffstechnik mit dem Handgelenk in Kranichkopf-Haltung
Kakutô uke		Verteidigungstechnik mit dem Handgelenk in Kranichkopf-Haltung
Kamae		Körperhaltung, Bereitschaft zur Handlung
Kankû dai		Kata: In den Himmel schauen – groß
Kankû shô		Kata: In den Himmel schauen – klein
Kara		Leer
Karate		Leere Hand
Karate dô		Der Weg der leeren Hand
Karateka		Mensch, der Karate praktiziert
Kata		Form / Schulter
Kata hiza dachi		Stellung mit einem Fuß im Kniestand
Kata shiai		Kata-Wettkampf
Kata uke		Verteidigungstechnik mit der Schulter
Kawashi geri		Fußtechnik im Ausweichen
Keage		Schnappende Fußtechnik (auch Kebanashi)
Keitô		Hahnenkamm
Keitô uchi		Angriffstechnik mit dem Handgelenk in Hahnenkamm-Haltung

	Keitô uke	Verteidigungstechnik mit dem Handgelenk in Hahnenkamm-Haltung
	Kekomi	Stoß-Fußtechnik
	Ken	Faust
	Kensei	Finte, Täuschung
	Kentsui	Fausthammer
	Keri waza	Sammelbegriff für Beintechniken
	Ki	Energie
	Kiai	Vereinigung der Energie, Kampfschrei
	Kiba dachi	Reiterstellung
	Kihon	Grundschule
	Kihon-gohon kumite	Grundschulkampf mit fünf Angriffstechniken (auch Gohon-kumite)
	Kihon-ippon kumite	Grundschulkampf mit einer Angriffstechnik (auch Ippon-kumite)
	Kihon-sanbon kumite	Grundschulkampf mit drei Angriffstechniken (auch Sanbon-kumite)
	Kime	Entscheidung, Vereinigung der Kräfte
	Kime waza	Entscheidende Technik
	Kizami zuki	Fausttechnik mit der vorderen Hand
	Kobudô	Sammelbegriff für die japanischen Kampfkünste mit Waffen
	Kokô	Tigermaul-Hand
	Kôkutsu dachi	Rückwärtsstellung
	Kôsa dachi	Überkreuzstellung
	Koshi	Fußballen
	Koshi kamae	Fäuste an der Hüfte
	Kumade	Bärentatze
	Kumite	Kampf
	Kumite shiai	Wettkampf
	Kyu	Schülergrad
	Kyû	Neun
	Maai	Distanz
	Mae	Nach vorne
	Mae ashi geri	Fußtechnik nach vorne, mit dem vorderen Bein
	Mae empi uchi	Ellenbogenstoß nach vorne (auch Mae hiji ate)

Mae geri	Fußtechnik nach vorne
Mae geri keage	Fußtechnik nach vorne, schnappend
Mae geri kekomi	Fußtechnik nach vorne, stoßend
Mae te zuki	Fauststoß mit der vorderen Hand, ohne Schritt
Mae tobi geri	Fußtechnik nach vorne, im Sprung
Makiwara	Brett für das Trainieren der Techniken, ohne abzustoppen. Dieses Training soll dem Kennenlernen der Gelenk- und Körperreaktionen beim tatsächlichen Ausführen einer Technik dienen
Manji uke	Wirbelblock
Mawashi	Rund, kreisförmig
Mawashi empi uchi	Kreisförmiger Ellenbogenstoß (auch Mawashi hiji ate)
Mawashi geri	Kreisförmige Fußtechnik
Mawashi zuki	Kreisförmige Fausttechnik
Mawatte	Wendung
Meikyô	Kata: Heller Spiegel
Migi	Rechts
Mikazuki geri	Kreisförmige Fußtechnik (Mondsicheltritt)
Mikazuki tobi geri	Kreisförmige Fußtechnik im Sprung
Mizu	Wasser
Mizu nagare	Fließendes Wasser. Prinzip, nach dem bestimmte Techniken eingeprägt werden können, wie z. B. Kagi zuki. Die Haltung des Arms soll so sein, dass ein Tropfen Wasser mit einer konstanten Geschwindigkeit von der Schulter bis zur Hand fließt.
Mizu no kokoro	Der Geist wie das Wasser (geistig ruhige Haltung in jeder Situation)
Mokusô	Meditation
Morote kokô dori	Verteidigungs- oder Angriffstechnik mit greifenden Händen in der Tigermaul-Handhaltung
Morote sukui uke	Verteidigungstechnik mit beiden Händen, einklemmend
Morote tsukami uke	Verteidigungstechnik mit beiden Händen, greifend
Morote uke	Verteidigungstechnik mit beiden Armen
Morote zuki	Angriffstechnik mit beiden Fäusten

	Mushin	Nicht denken. Geistige Haltung, um eine Situation zu meistern, indem man sich von Gedanken befreit, die sonst die richtige Handlung beeinträchtigen würden
	Musubi dachi	Natürliche Stellung, Fersen zusammen und Zehen auseinander
	Nagashi uke	Begleitende Abwehrtechnik
	Naha te	Hand von Naha, alter Karatestil aus Okinawa
	Naiwan	Arminnenseite (Daumenseite)
	Nakadaka ippon ken	Angriffstechnik mit dem Knöchel des Mittelfingers
	Nami ashi	Anziehen des Beins um einem Fußfeger zu entgehen (auch Nami gaeshi)
	Neko	Katze
	Neko ashi dachi	Katzenfuß-Stellung
	Ni	Zwei
	Nidan tobi geri	Doppelte Fußtechnik nach vorne im Sprung
	Nihon nukite	Angriffstechnik mit zwei Fingerspitzen
	Nijû shi ho	Kata: 24 Schritte
	Nukite	Angriffstechnik mit fünf Fingerspitzen (auch Gohon nukite)
	Oi komi	Hineintreiben
	Oi zuki	Gleichseitiger Fauststoß mit Schritt
	Osae	Pressen
	Otagai ni rei	Gruß zwischen Übenden
	Otoshi	Von oben nach unten
	Otoshi bo waza	Angriffstechnik von oben, mit dem Stock
	Otoshi empi uchi	Ellenbogenstoß nach unten (auch Otoshi hiji ate)
	Otoshi uke	Verteidigungstechnik von oben, mit waagerechtem Unterarm
	Re no ji dachi	Natürliche Stellung, die Füße stehen „L"-förmig
	Rei	Gruß
	Ren geri	Mehrfache Fußtechnik (wird bei zwei Fußtechniken verwendet)
	Ren zuki	Mehrfache Fausttechnik (wird bei zwei Fausttechniken verwendet)
	Roku	Sechs
	Ryû	Stil/Schule

Sagi ashi dachi	Kranichstand
San	Drei
Sanbon zuki	Dreifache Fausttechnik (auch Sanbon ren zuki)
Sanchin dachi	Sanduhrstellung
Sankaku tobi	Dreiecksprung
Seiken	Vorderseite der Faust
Seiken choku zuki	Gerader Fauststoß
Seiryûtô uchi	Schwerthand-Angriffstechnik
Seiryûtô uke	Schwerthand-Verteidigungstechnik
Seiza	Sitzen
Sempai	Der höchstgraduierte Schüler
Sensei	Meister / Vorbild / Derjenige, der den Weg zeigt (nicht nur Trainer)
Sensei ni rei	Gruß zum Meister
Sentei kata	Ausgewählte Kata (bei Wettkämpfen)
Shi	Vier (auch Yon)
Shiai	Wettkampf
Shichi	Sieben
Shihan	Großmeister
Shiko dachi	Breitstellung
Shitei kata	Pflichtkata (bei Wettkämpfen)
Shizentai	Natürliche Körperhaltung
Shômen	Hauptseite des Dôjô
Shômen ni rei	Gruß zur Hauptseite des Dôjô
Shôrei	Ursprüngliche, kraftvolle Kata-Stilrichtung
Shôrin	Ursprüngliche, schnelle und leichte Kata-Stilrichtung
Shôtôkan	Karate-Stilrichtung, gegründet von Gichin Funakoshi (1868-1957)
Shuri te	Hand von Shuri, alter Karatestil aus Okinawa
Shutô	Außenhandkante
Shutô uchi	Angriffstechnik mit der Außenhandkante
Shutô uke	Verteidigungstechnik mit der Außenhandkante

	Shuwan	Armunterseite
	Sôchin	Kata: Stärke und Ruhe
	Sôchin dachi	Stärke-und-Ruhe-Stellung (auch Fudô dachi)
	Sokumen	Seitlich, zur Seite
	Sokumen awase uke	Seitliche Doppelabwehrtechnik
	Sokutei	Fußsohle
	Sokutei mawashi uke	Kreisförmige Verteidigungstechnik mit der Fußsohle
	Sokutei osae uke	Press-Verteidigungstechnik mit der Fußsohle
	Sokutô	Außenfußkante
	Soto	Außen
	Soto uke	Verteidigungstechnik von außen nach innen (auch Soto ude uke)
	Sukui uke	Schaufelblock
	Suri ashi	Gleitschritt
	Tai sabaki	Kreisförmige Körperdrehung
	Taikyoku	Durchdringend studieren, Kata-Serie aus drei Kata
	Tameshiwari	Bruchtest
	Tate empi uchi	Ellenbogenstoß nach oben (auch Tate hiji ate)
	Tate shutô uke	Verteidigungstechnik mit der senkrechten Außenhandkante bei gestrecktem Arm
	Tate uraken uchi	Fausttechnik mit dem Handrücken, senkrecht von oben nach unten
	Tate zuki	Fausttechnik mit der senkrechten Faust
	Te	Hand
	Te nagashi uke	Begleitende Verteidigungstechnik mit der Hand
	Te osae uke	Press-Verteidigungstechnik mit der Hand (auch Osae uke)
	Te waza	Sammelbegriff für Handtechniken
	Tei no ji dachi	Natürliche Stellung, die Füße stehen „T"-förmig
	Teishô	Handballen
	Teishô uchi	Angriffstechnik mit dem Handballen
	Teishô uke	Verteidigungstechnik mit dem Handballen
	Tekki	Eiserner Reiter, Kata-Serie aus drei Kata

Tekubi		Handgelenk
Tekubi kake uke		Haken-Verteidigungstechnik mit dem Handgelenk
Tenshin		Körperdrehung
Tenshin tobi kaeshi		Gegentechnik im Sprung mit Körperdrehung
Tettsui		Eisenhammer
Tettsui uchi		Eisenhammer-Angriffstechnik
Tobi geri		Fußtechnik im Sprung
Tôde		China-Hand, ursprünglicher Name des Karate
Tokui kata		Persönlich bevorzugte Kata
Tomari te		Hand von Tomari, alter Karatestil aus Okinawa
Tsukami yose		Greif- und Ziehabwehr
Tsuki		Mond
Tsuki no kokoro		Der Geist wie der Mond (geistig ruhige Haltung in jeder Situation)
Tsuru ashi dachi		Kranichfußstellung
Uchi		Innen / Schlag
Uchi hachi ji dachi		Natürliche Stellung in Schulterbreite, die Zehen zeigen nach innen
Uchi uke		Verteidigungstechnik von innen nach außen (auch Uchi ude uke)
Ude		Arm (auch Wan)
Ude uke		Verteidigungstechnik mit dem Arm
Uke		Verteidigung
Uke waza		Sammelbegriff für Abwehrtechniken
Unsu		Kata: Hand in den Wolken
Ura mawashi geri		Kreisförmige Fußtechnik, rückseitig
Ura zuki		Kehrseitige Fausttechnik
Uraken		Faust-Rückseite
Uraken uchi		Fausttechnik mit dem Handrücken
Ushiro		Nach hinten
Ushiro empi uchi		Ellenbogenstoß nach hinten (auch Ushiro hiji ate)
Ushiro geri		Fußtechnik nach hinten
Ushiro mawashi geri		Kreisförmige Fußtechnik aus der Drehung
Ushiro tobi geri		Fußtechnik nach hinten, im Sprung

Wan	Arm (auch Ude)
Wankan	Kata: König und Krone
Wantô	Unterarm
Washide	Adlerhand
Waza	Technik
Yama	Berg
Yama zuki	Doppelte Fausttechnik, die das jap. Schriftzeichen des Berges darstellt
Yame	Aufforderung zum Beenden
Yôi	Achtung (Zustand, in dem man auf die Aktion konzentriert ist)
Yoko	Zur Seite
Yoko empi uchi	Seitlicher Ellenbogenstoß (auch Yoko hiji ate)
Yoko geri	Fußtechnik zur Seite
Yoko geri keage	Fußtechnik zur Seite, schnappend
Yoko geri kekomi	Fußtechnik zur Seite, stoßend
Yoko sashi ashi	Seitlicher Schleichschritt
Yoko tobi geri	Fußtechnik zur Seite, im Sprung
Yomi	Wahrnehmungsvermögen, Scharfsinnigkeit
Zanshin	Wachsamkeit
Zazen	Zen im Sitzen
Zen	Meditation/Lebenshaltung, die aus dem Buddhismus entstand
Zenkutsu dachi	Vorwärtsstellung
Zuki	Fauststoß
Zuki waza	Sammelbegriff für Armtechniken

Schlusswort

Ein Bunkai-Buch kann dem Karateka nur in unterstützender Funktion Anregungen für die möglichen Interpretation der Techniken geben.
Dies ist der zentrale Gedanke, der rote Faden, der sich durch das ganze Buch zieht.
Typisches Beispiel dafür sind die Sequenzen die dreimal dieselbe Verteidigung vorsehen. In diesen Fällen wurden teilweise zwei Techniken als eine einzige Kampfsituation und die andere als Verteidigung gegen einen neuen Gegner (z. B. in Heian shodan) vorgeschlagen. In anderen Kata wurde eine Entwicklung der Techniken dargestellt: Die erste ist eine einfache Anwendung, die zweite eine effektivere Lösung, die dritte eine fortgeschrittene Verteidigung (z. B. in Hangetsu).
Der didaktische Vorteil dieses Konzeptes ist die Vielfältigkeit. So kann sich jeder Karateka immer wieder mit verschiedenen Lösungen auseinander setzen und die für ihn passende vertiefen und selber erweitern.
Die hier angebotenen Verteidigungen gegen Stockangriffe sind in den meisten Fällen Techniken, die bereits gegen unbewaffnete Gegner angewendet worden sind.
Auch dieses Prinzip wurde mit dem Gedanken eingeführt, zusätzliche Lösungen anzubieten.

Wenn die vorliegenden Seiten dem Leser den Impuls gegeben haben, sich mit dem Thema Bunkai intensiver auseinander zu setzen, dann hat das Buch ein hohes Ziel erreicht.

Literaturverzeichnis

Basile, Augusto	„Karate-Kata", Bände 1-5, Edizioni Mediterranee, Rom 1973
Coquet, Michel	„La vera forza delle arti marziali", Ed. Amrita, Turin 1997
De Michelis, Bruno	„La filosofia del Karate del maestro Funakoshi", FESIKA 1977
Diverse Autoren	„Quellen japanischer Weisheit", Verlag Leobuchhandlung, St. Gallen
Funakoshi, Gichin	„Karate dô", Edizioni Mediterranee, Rom 1987
Funakoshi, Gichin	„Karate-dô Kyôhan", Kodansha International, Tokyo 1973
Japan Karatedo Federation	„Karatedo Kata Model", Shinteigata, Japan 2001
Kanazawa, Hirokazu	„Shotokan Karate International Kata", Bände 1-2, Japan 1981/82
Lind, Werner	„Das Lexikon der Kampfkünste", Sportverlag, Berlin 2001
Nakayama, Masatoshi	„Karate", Arnoldo Mondadori Editore, Mailand 1975
Nakayama, Masatoshi	„Super Karate", Bände 5-11, Edizioni Mediterranee, Rom 1976
Nishiyama, H./Brown, R. C.	„Karate – Die Kunst der leeren Hand", Erhard Götzelmann, Lauda 2001
Schlatt	„Shôtôkan no Hyakkajiten", Erhard Götzelmann, Lauda 1995
Tokitsu, Kenji	„Shaolin-mon", Luni Editrice, Mailand 1999
Tokitsu, Kenji	„Storia del Karate", Luni Editrice, Mailand 1995

Weiteres aus dem Spectra-Verlag

„Die 4 Schwarzen Bücher" zur Vervollständigung
– auf insgesamt 546 Seiten und mit mehr als 8.600 Zeichnungen –
Ein Nachschlagewerk für Karate-Kata der Shôtôkan-Stilrichtung

Band 1: Shôtôkan-Kata bis zum Schwarzgurt
Umfang: 108 Seiten, über 1.700 Zeichnungen.
ISBN: 978-3-9809081-4-6

Band 2: Shôtôkan-Kata ab Schwarzgurt
Umfang: 146 Seiten, über 2.600 Zeichnungen.
ISBN: 978-3-9809081-5-3

Band 3: Bunkai der Shôtôkan-Kata bis zum Schwarzgurt
Umfang: 128 Seiten, über 1.700 Zeichnungen.
ISBN: 978-3-9809081-6-0

Band 4: Bunkai der Shôtôkan-Kata ab Schwarzgurt
Umfang: 164 Seiten, über 2.600 Zeichnungen.
ISBN: 978-3-9809081-7-7

Format: 17 x 24 cm
Veredeltes Paperback

Die 26 Shotokan-Kata im Überblick
– Dazu im Detail die Ten no Kata –

Format: 15,3 x 21 cm
durchgehend bebildert
ISBN: 978-3-9813239-8-6

Dieses Handbuch eignet sich für Karateka, die die Kata bereits beherrschen und weiter pflegen wollen. Durch klare Zeichnungen und bewussten Verzicht auf manche Details gibt das Handbuch dem Karateka eine schnelle Hilfe, vergessene Abläufe und Techniken der Kata nachzuschlagen.

ShotokanKata

Die Kata auch
als Apps für
das iPhone und
als E-Books

Weitere Infos
auf der Website

Der Pfad der Flexibilität
Eine Auseinandersetzung mit den japanischen Kampfkünsten und deren geistiger Übertragung in den Alltag

Wer eine Kampfkunst trainiert, zeichnet sich durch die beharrliche Entscheidung aus, sich stets geradlinig und konsequent weiterzuentwickeln. Selten mit sich zufrieden, wird er sich daher ständig neue Maßstäbe setzen und so die Grenzen seiner Leistungskraft unablässig neu überschreiten. Der schwierigste Gegner, den er zu besiegen hat, ist er selbst.

Format: DIN A5 · Hardcover-Ausgabe ·
68 Aufnahmen, Grafiken und Kanji · Umfang: 176 Seiten.
ISBN: 978-3-9809081-8-4

... im echten Kampf
ist das eine andere Sache.
(Gichin Funakoshi)